朱自清在西南联大

陈　武　著

回望朱自清

古吴轩出版社

中国·苏州

图书在版编目（CIP）数据

朱自清在西南联大 / 陈武著 . — 苏州 : 古吴轩出版社 , 2018.8（2022.1 重印）
（回望朱自清）
ISBN 978-7-5546-0929-3

Ⅰ.①朱… Ⅱ.①陈… Ⅲ.①朱自清（1898—1948）–生平事迹
Ⅳ.① K825.6

中国版本图书馆 CIP 数据核字（2018）第 188493 号

责任编辑：蒋丽华
见习编辑：顾　熙
策　　划：罗路晗
封面题签：葛丽萍
装帧设计：鸿儒文轩·书心瞬意

书　　名：朱自清在西南联大
丛书主编：陈　武
著　　者：陈　武
出版发行：古吴轩出版社
　　　　　地址：苏州市八达街 118 号苏州新闻大厦 30F　邮编：215123
　　　　　电话：0512-65233679　　　　　　传真：0512-65220750
出 版 人：尹剑峰
印　　刷：三河市华东印刷有限公司
开　　本：787×1092　1/32
印　　张：7.75
版　　次：2018 年 8 月第 1 版
印　　次：2022 年 1 月第 2 次印刷
书　　号：ISBN 978-7-5546-0929-3
定　　价：38.00 元

如有印装质量问题，请与印刷厂联系。电话：010-85717689

序："我就生在海州"

"我家是从先祖才到江苏东海做小官。东海就是海州，现在是陇海路的终点。我就生在海州。四岁的时候先父又到邵伯镇做小官，将我们接到那里。海州的情形我全不记得了，只对海州话还有亲热感，因为父亲的扬州话里夹着不少海州口音。"这是朱自清《我是扬州人》里的一段话。

朱自清写这篇文章，是在 1946 年 9 月，当时的民国东海县政府确实设在海州。但说祖父朱则余在"东海做小官"却是不对的，至少不够准确。朱则余做官时是在光绪年间，那时的海州是直隶州，管辖东海、赣榆、沭阳、灌云四县，比他所说的东海县大多了。所以，不能说在"东海做小官"，应该是在"海州做小官"。如果这么说就准确了："我家是从先祖才到江苏海州做小官的。海州就是现在的东海县。"由于朱自清的"笔误"，一直到今天，也没有人来较真纠正，还继续这样的"笔误"。而朱则余做的官也并不小，是清光绪年间海州府的承审官，主管全州民刑案件。这可是个当权的肥缺，而且一干就是十多年。

朱自清把地名次序弄反了，可能是因为"东海"确实比"海州"更为古老，历史上的"东海郡"出现在秦代。到了东魏武定七年（549）才称海州。唐代以后，除元代一度称海宁州外，其余各朝基本上延称海州。清雍正二年（1724）升为直隶州。民国元年（1912）改称东海县，此后，又把东海县的一部分另设连云市、新浦市等（打个比方，有点像历史上江苏省的上海县，因为特殊的机缘，上海设市，渐成后来的规模，而现在的体量更是特大城市了）。不过民国期间的东海县政府所在地，一直都在海州。这么说，朱自清又似乎没有说错。

朱自清原籍是浙江山阴（绍兴）。他的祖父朱则余、父亲朱鸿钧两代人一直在外做官，绍兴祖宅的房屋和田产逐渐被族人侵吞，等于连"根"都没有了。

朱家后来在扬州安家落户，是在他父亲这一辈上。

其实，扬州对于朱家，有着深刻且难以忘却的记忆——朱自清的高祖父本姓余，叫余月笙，是浙江绍兴人，在扬州做官，住在甘泉衙门楼上，酒后不小心坠楼身亡。夫人不堪突发之灾，跳楼殉夫。其儿子余子擎年幼，被浙江山阴同乡朱氏收养，遂改姓朱，余子擎成为朱子擎。朱子擎就是朱自清的曾祖父。不久朱家搬到苏北涟水县花园乡居住，朱子擎和当地首富乔家的小姐成婚，他给儿子起了个极有意味的名字——朱则余。朱，则余，也就是"姓朱其实是姓余"，提醒他不要忘了祖宗。朱则余，字菊坡。仿效朱自清在《我是扬州人》里那肯定的口气说话，朱则余就出生在涟水花园庄。

涟水北部的花园庄，从口音上讲，也属"海属"方言区，特别是1957年，由灌云县南部几个乡镇和涟水县北部部分乡镇合并成立了灌南县，更加贴近海州地区了，花园庄也改名叫花园乡，成了灌南县的一个建制乡。到了1996年，灌南县划归连云港管辖后，朱自清的祖父、父亲和他本人，实际上都出生在"海州地"了（即现在的连云港市）。朱自清喜欢吃"大麦粉"，在《给亡妇》里，还记有花园庄的亲戚经常带大麦等杂粮到扬州的事。

朱自清临终时，学生余冠英的夫人回扬州探亲，他还请她带点大麦做的食物，可能是小时候吃惯了吧。大麦是灌南的主产杂粮，"大"，在这里读"旦"音。

朱则余从小便离开家乡，闯荡社会。后来他是怎么做官的，不见记载，也不敢猜测。但他特殊的身世，培养了他坚强的性格，在为人处事上，他一直很谨慎、很真诚，也很努力。经过多年的奋斗，他终于走上了仕途。又经过多年历练，他有了丰富的从政经验和左右逢源的本事。光绪年间，他担任了海州承审官。在清代，没有像法院、检察院、公安这样的分类，由承审官全面负责案件的查处、审理、判决等工作，因此承审官的权力是比较大的。但那时地方的审判权完全归属行政机关，其工作也听从州官的安排，看州官的脸色，审判机关往往不能独立行使职权，事实上只是州官的附庸。

清光绪年间的海州城，城墙还很完好，属于砖、石、土混合结构，非常坚固，也非常壮观。共有东西南北四座城门，每座城门都有瓮城，便于作战时攻防使用。城门上的谯楼四檐高挑，巍然屹立。城内大小庙宇、道观有好几座，史书上用"金碧装潢，琳宫耀日"来形容。宽些的道路都是由大块的青石板铺就，车行街石之上，辘辘有声，驴马走在街石上，也是咔咔作响。窄小些的街巷也都铺有砖石，不过也有少许更窄的小巷是由泥沙铺路的。殷、葛、沈、杨、谢五大家族是海州的大户，这些人家的门口都有拴马桩和下马石，显示其豪门地位。中大街、文庙一带更是繁华之地。海州在当时的苏北，可算是重要市镇了。

朱则余在海州做官的时候，儿子朱鸿钧一直陪侍左右，成婚也在海州，一大家生活在一起，可谓其乐融融。1898年11月22日，古城海州西门一带，州府承审官朱则余的宅邸里，红烛高烧，香烟缭绕，全家上下笑逐颜开，喜气洋洋，原来，一个宁馨儿诞生了，他就是后来的著名文学家朱自清。

朱自清上头原有两个哥哥，叫大贵和小贵，不幸相继夭亡，这是朱家的一大憾事。因此朱自清的出生，给全家带来无比的欢愉是显而易见的，也使他格外受到宠爱，全家更是对这个小生命寄予很大的期望，"腹有诗书气自华"，于是朱家为孩子取名"自华"，又取"春华秋实"之意，给他起了个号叫"实秋"，希望儿子长大后能诗书传家，学有所成。起号为"实秋"的另一层原因，是算命先生推算他五行缺火，缺什么补什么，故取一带火的"秋"字。家里人迷信，怕他不易长大，遵照海州的风俗，为他取了个女孩子的乳名"大囡"，还特地替他耳朵穿孔，戴上钟形金耳环。

在《我是扬州人》一文中，朱自清说他父亲朱鸿钧的扬州话里夹杂着海州话，此说妥也不妥。妥，是事实，朱鸿钧说话时，扬州话和海州话是混合着说的。说不妥，是指朱自清的表述不够精准，因为朱鸿钧开口是先讲海州话的。他在去高邮邵伯做官之前，没去过扬州，更不要说会讲扬州话了。朱则余和朱鸿钧的出生地和从小生活的地方是灌南花园庄，属海州方言区，花园庄外的一条河更是起名叫海州圩。他们又在海州住了许多年，朱鸿钧本就说一口地道的海州官话。他是到了扬州后，才学会扬州方言的。准确的表述应该是"海州话里夹杂着扬州方言"。而朱则余更是操一口地道的海州话了。受祖父母和父亲的影响，倒是朱自清，他的扬州话里是夹着一句半句海州方言的。细读朱自清的文章和日记，一些词句就是十足的海州土话，比如《冬天》里有一句："有点风，月光照着软软的水波；当间那一溜儿反光……"这里的"当间"，在海州话里是"中间"的意思，也特指房屋正中那一间，现在海州人还讲。再比如《给亡妇》

里，说到妻做的菜不坏，"有一位老在行大大地夸奖过你"。这里的"老在行"也是地道的海州话。在《"海阔天空"与"古今中外"》里，朱自清对自己从事的工作心怀不满，说："我做了五年教书匠了，真个腻得慌，黑板总是那样黑，粉笔总是那样白，我总是那样的我，成天儿浑淘淘的。"这里的"腻得慌"和"浑淘淘"，现在还是老海州人的口头禅。在1939年3月4日日记中，他说："打桥牌……我老是输，甚灰心。"这里的"灰心"虽然别地也有使用，但海州人更是随口而出，直到现在，日常使用频率还很高。

朱自清出生后，保姆、女佣一定会用海州话给他哼唱摇篮曲："小花鸡，跳磨台，哪天熬到小媳妇来，多吃多少及时饭，多穿多少可脚鞋。"朱自清一两岁时，朱鸿钧也会和许许多多的老海州人一样，抱着儿子到中大街逛逛杂货铺，坐坐茶馆，在阳春三月里，赶赶白虎山庙会，到文庙前或鼓楼下听听淮海小戏或淮海鼓锣书。稍大后，朱自清也必定会跟在父亲身后，牵着父亲的手，到城墙根的杂草窝里找找蛐蛐；或出北门，到蔷薇河边看过船的白帆；或出东门，来到塔山古道访古探幽，看古道上被车轮马蹄踏得明晃晃的青石板，讲城外远山的故事；或缠着父亲要买一根麻花解解馋，跟父亲在街头吃一碗白水煮豆腐（朱自清爱吃的食物，散文《冬天》里有描写）。而更多的时候，他会缠绕在父母的膝下，在院中花园里嬉笑玩耍。偶尔走到街上，街坊们喊着他的乳名，大囡这大囡那的，逗他咯咯地笑。比他稍大的小伙伴们也许会拿他耳朵上的金钟耳环来取笑他。

朱自清对于海州的生活全无记忆了，这对他来说是遗憾的，否则，或许他也会单独写一篇文章来纪念，或像俞平伯那样，有诗记之。但是，事情并不是绝对的。朱自清在1921年1月发表了一篇小说叫《新年底故事》，描写一个叫"宝宝"的幼儿在过年时看到的种种，这是否是对自己的一个补偿呢？他虽然对海州没有记忆，家人必定会讲述他的旧时趣事吧。小说中的"宝宝"或许就有他自己的影子，那些做好吃的、祭祖先、分压岁钱、放烟花、穿新衣、逛街、走亲访友等新年习俗，是每个人童年都有的经历。朱自清以第一人称，描写"我"在家里趁着大人们不注意，偷偷地拿了几个粽子、香喷喷的肉包子、美味的糖馒头和口味独特的风糖糕，本想藏起来留待以后慢慢品尝，结果被狗发现了，"我"被吓哭了，惊恐着，娘也随即缴了"我"袋里的美食，只给

"我"每样留一个解馋；到了街上，耍猴戏吸引了"我"，可顽皮的小猴却来戏弄"我"，"我"又被吓哭了；而到了晚上，闻听明天小伙伴们有可能都不来玩了，"我"又很难过，哭着嚷着"年不过了"，结果把大家逗得哈哈大笑。原来大人们是逗"我"的，拿"我"寻开心呢！小说中的糖馒头、风糖糕正是海州特有的过年食物。耍猴的也是海州街头常有的把戏，朱鸿钧把年幼的朱自清扛在肩膀上，到街上看热闹，这完全有可能。在朱自清儿童或少年时期，家人拿他婴幼儿时的种种趣事来逗乐子，也许是逢年过节的必备节目。

不管怎么说，朱自清安静、聪慧和倔强的个性，在海州城古朴、厚重的底蕴和美丽山水的熏陶下，已粗略显露出来。虽然海州没能给他留下深刻的记忆，但潜移默化中，也如雨露般滋润了他的心灵，哺育了他的感情，丰富了他的想象力，使他的情怀永远充溢着诗情画意。

1901年，朱自清四岁了，父亲朱鸿钧从海州到高邮的邵伯镇做了个小官——典史。虽然朱自清文章中没有就这个官职的来龙去脉做详细的介绍，但它可能和祖父朱则余有关。朱则余年纪渐长，正值壮年的儿子没有工作也不是个办法，托朋友谋点"私利"，给儿子介绍工作也在情理之中，就是托老乡知州周起魁帮忙也是有可能的。这样，朱鸿钧到了隶属扬州的高邮邵伯谋生了。朱自清不久就被父母接到了邵伯，从此离开了出生地海州，开始了"我是扬州人"的人生之旅。

在扬州，朱自清顺利地读完小学和中学，1916年，在他十九岁那年秋天，考入北京大学文科预科，第二年又跳级考入北京大学文科中国哲学门读一年级，经过三年苦读，于1920年5月提前毕业。这年秋，朱自清到杭州任浙江省立第一师范学校国文教员，从此，他便和教育界分不开了。从杭州的浙江一师，到上海的中国公学，到扬州的江苏省立第八中学，再到台州、温州、宁波的白马湖，朱自清一直奔波于各学校间，教书，写作，过着清贫的生活。1925年8月，朱自清迎来了人生的转折，被清华大学聘为国文教授，从此结束了在江浙一带不稳定的漂泊生活，把他一生中最美好的年华奉献给了清华。

目录

清华园里尽朝晖

朱自清到清华大学任教，要从他在浙江宁波白马湖春晖中学说起。

1924 年 11 月下旬，春晖中学发生了一场风潮。起因大约是这样的，一天早晨，学生黄源出早操时，戴了一顶黑色的绍兴毡帽（其实不算什么）。体育教师说不成体统，勒令拿掉帽子。黄源不从，师生发生争执。事后，校方坚持要处分黄源。担任训育主任的匡互生站在学生一边，建议不处分黄源，但力争无效，愤而辞职，返回上海。此事激怒了学生，举行罢课，以示抗议。校方立即开除了二十八名领头的学生并宣布提前放假。此举引起教员公愤，结果教员集体辞职。辞职后的夏丏尊专任宁波浙江省立第四中学教职，丰子恺、朱光潜、刘薰宇、刘叔琴、方光焘等辞职后，先后赴上海。

这次风潮，给童话般美丽的白马湖蒙上一层阴影，也给朱自清的内心带来较沉重的打击和创伤。朱自清没有像其他教师那样辞职，并不代表他不愤怒，没立场，他无疑是站在辞职的老师一边的，也同情被开除的学生。但由于家累（妻子武钟谦已怀有身孕），又由于多年不断的迁徙，他实在没有力量再搬家了。朱自清对俞平伯说："春晖闹了风潮，我们彷徨了多日，现在总算暂告结束了，经过的情形极繁……此后事甚至乏味。半年后仍须一走。"（俞平伯《忆白马湖宁波旧游——朱佩弦兄遗念》）到了 1925 年 1 月 30 日，朱自清写信给俞平伯，流露出离开教育界的意思："我颇想脱离教育界，在商务觅一事，不知如何？也想到北京去，因从前在北京实在太苦了，好东西一些不曾吃过，好地方有许多不曾去过，真是白白住了那些年，很想再去仔细领略一回。如有相当机会，尚乞为我留意。"这封信说得十分明白了：朱自清一是想进入上海的出版界，因为这里有他不少朋友；二是想去北京，信上所说内容固然也对，恐怕他还是想和在北京的俞平伯及北大的诸多师友会合吧。机会出现在 1925 年暑假里的 8 月，清华学校设立大学部，请胡适推荐教授，胡适推荐了俞平伯。而俞平伯出于种种考虑，暂不愿出城去清华教书，便向胡适推荐了朱自清。就这样，朱自清得到了来自清华的聘书。

朱自清一到北京，便住在了俞平伯的家里，还和俞平伯一起去拜访了老师周作人。朱自清在俞平伯家一直住到 9 月 1 日，才移住清华中文部教员宿舍古月堂六号。朱自清入清华后不久，写下了一首诗：

> 我的南方，
>
> 我的南方，
>
> 那儿是山乡水乡！
>
> 那儿是醉乡梦乡！
>
> 五年来的彷徨，
>
> 羽毛般地飞扬！

这是朱自清 1925 年年初到清华时作的第一首诗。"五年来的彷徨"，终于"羽毛般地飞扬"了。但真的能飞扬吗？南方给朱自清带来了成功、兴奋，也带来了纠结和哀怨。南方是他踏上社会的第一站，匆匆五年，如果仅从创作上讲，他确实是成功的，许多重要的作品都写作于这一时期。在南方的五年，交谊也是成功的，他结识了一生中重要的朋友，如俞平伯、叶圣陶、郑振铎等。但工作（或事业）能否算得上成功呢？漂泊不定，生活窘迫，几乎每年都有的迁徙，耗费了他大量的精力和时间，也耗费了他的才智和心智……

现在好了，终于来到可发挥他才干的清华园了！

清华园是学术圣殿。朱自清进入清华后，心境渐渐发生变化，确立了文化人著书立说的方向。因为底子厚，加上努力钻研，学问日日长进，声望也日渐提高。朱自清性格温和、坚韧，又逐渐凸现出一种独特的人格力量和精神气质。特别是到了1928年暑期，清华园发生大变革，由清华学校改为国立清华大学，任命了罗家伦为校长，杨振声担任文学院院长兼中文系主任后，又挽留了陈寅恪、吴宓等名教授，先后引进俞平伯、浦江清、叶公超等年轻学者，清华园顿时面貌一新，朱自清有一种如鱼得水的感觉。

罗家伦、杨振声在这里可以简略介绍一下。罗家伦于1917年考入北京大学，是五四运动活跃分子之一，提出了"外争国权，内除国贼"的口号，并在5月26日的《每周评论》上第一次提出"五四运动"这个名词，是"五四运动"名词的创造者。杨振声比罗家伦入北大要早，是和俞平伯同时于1915年考入北京大学国学门的，也和俞同时毕业于1919年年底（因为五四运动，毕业推迟了半年）。1918年12月，在胡适的支持下，罗家伦、杨振声等会同文、法两科的学生，成立了名噪一时的"新潮社"。用现在的眼光看，当时首批成员太有名了，他们是傅斯年、罗家伦、杨振声、顾颉刚、俞平伯、汪敬熙、何思源、康白情等。新潮社成立后，即创办《新潮》杂志，杨振声是首任编辑部书记（相当于现在的主编）。1920年3月，朱自清和冯友兰、孙福熙等新文学爱好者也加入了新潮社，进一步壮大了新潮社的力量。朱自清在《新潮》上发表了《心理学的范围》《小草》《怅惘》等诗文，杨振声在《新潮》上发表了小说《渔家》《一个兵的家》《贞女》等。

罗家伦主政清华校政，杨振声主持清华文学院和中文系，对朱自清来说，真是莫大的好消息。他们不仅是北大前后届的同学、五四运动的积极分子，还都是有志于教育改革和新文学创作的"新潮人"。

杨振声到任后，第一个想到的就是朱自清，他迫不及待找到朱自清，和他研究中文系的草创工作，商量中文系的诸多事情。杨振声在《纪念朱自清》一文中，描述了他们最初见面的情形："我与佩弦先生虽是北大前后同学，但此前仅是文字之交。我到清华时，他就在那受气的国文系中作小媳妇！我去清华的第二天，便到古月堂去访他。他住在西厢房一间小屋里。下午西窗的太阳，射在他整整齐齐的书桌上，他伏在桌上低着头改卷子。就在这间小屋子里，我们商定了国文（系）的计划。"这段话披露了几个重要信息：朱自清所在的国文系的日子并不好过；几年来朱自清一直在做"小媳妇"；清华中文系此后的路子是杨、朱最初规划的。基于这样的现状，我们反而更加钦佩朱自清甘于寂寞、潜心研究、认真教书、忍辱负重的美德了。

杨振声倚重朱自清，是基于他对清华园的了解，他是这样记述清华国文系现状的："自新文学运动以来，在大学中新旧文学应该如何接流，中外文学应该如何接流，这都是必然会发生的问题，也必然要解决的问题。可是中国文学系一直在板着面孔，抵拒新潮。如是许多先生在徘徊中，大部学生在困惑中。这不止是文言与语体的问题，而实是新旧文化的冲突，中外思潮的激荡。大学恰巧是人文荟萃，来协调这些冲突，综合这些思潮所在的。所以在文法两院的科系中，如哲学、历史、经济、政治、法律各系都是治古今中外于一炉而求其融会贯通的，独有中国文学与外国文学二系深沟高垒，旗帜分明。这原因只为主持其他各系教授多归自国外；而中国文学系的教授深于国学，对新文学及外国文学少有接触，外国语文系的教授又多类似外国人的中国人，对中国文化与文学常苦下手无从，因此便划成二系的鸿沟了！"（《纪念朱自清》）但是朱自清情况特别，他不仅对中国古典文学深有研究，还是新文学创作颇丰的作家，同时也翻译外国文学和外国文学理论，所以，"朱自清先生是最早注意到这问题的一个"。又因为"国文是最不时髦的一系，也是最受压迫的一系。教国文的是清朝科举出身的老先生们，与洋装革履的英文系相比，大有法币与美钞之别。真的，国文教员的待遇不及他系教员的一半。因之一切都贬了值，买书分不到钱，行政说不上话，国文教员在旁人眼角视线下，走边路，住小房子"。杨振声初到清华，发愿要改变现状，而朱自清对清华的现状又了如指掌，所以杨找朱自清商量计划，确定了国文系的新方向，即，"新旧文学的接流"和"中外文学的交流"。"国文系添设比较文学与新文学习作，清华在那时是第一个。国文系的学生必修几种外文系的基本课程，外文系的学生也必修几种国文系的基本课程。中外文学的交互修习，清华在那时也是第一个。这都是佩弦先生的倡导。"杨振声说得已经很明了了，所以，朱自清自清华大学革新那一天起，便受到校方和院方的重视。

清华文学院面貌一新的学术环境，也激起了朱自清的工作热情，特别是好友俞平伯进入清华成为同事，更让他心情愉悦。俞平伯能来清华，一方面是清华大学文学院的重组，急需人才，另一方面，就是新任校长、文学院院长和中文系主任，都是俞平伯的旧交同学，加上朱自清等朋友也在清华。清华大学一时俊彦云集，学术气氛越来越浓。清华学生也不甘寂寞，在学校张贴标语，配合校方革新，标语内容有"建设新清华""实行男女同校"等。《浦江清日记》在1928年9月记载云："昨夜学生开全体大会通过欢迎罗家伦校长议案，又通过驱逐余日宣（政治教授），杨光弼、赵学海（均化学教授），戴志骞（图书馆主任），虞振镛（农科教授）等五人。夜深十二时全体学生游行唱口号至此五人家，请其即日离校，罪名为把持校务，阻碍清华发展。"这段记录特别精彩，可以从另一面证实杨振声对清华现状分析的正确。如果浦江清记述的驱逐五人的行动成功，也算是清华大学新势力的成功吧，至少学生的行动，是得到校方默许的。

教风的整顿，让朱自清等一批年轻教师有了干劲。朱自清对古诗词的研究和拟古诗词的创作，兴致丝毫不减，仅1928年9月，朱自清就花费较长时间创作数首拟古诗，如《招隐寺》《孙楚征西官属送于涉阳侯作诗》《郭璞游仙》《刘琨扶风歌》等，此后拟古诗词一直是朱自清钻研的一个重要课题。一方面，拟古诗是学诗的正格，对他教学很有帮助；另一方面，也是一种变相的研究。此外，朱自清还开设了一些新课，如"歌谣"和"中国新文学研究"等，都是朱自清的首创。

"中国新文学研究"一课，对朱自清来说，是一项重大挑战。从胡适第一首白话诗和鲁迅第一篇白话小说开始以来的新文学，朱自清基本上全程参与了，尽管早先他只是一名学生，但由于对新文学的热爱，对这一过程应该说是了然于心的。但是把短短十年来的新文学作为一门学科研究，朱自清承担了压力，也开了先河。因为这时的新文学经过十年的激荡，各种文体出现了许多作者和作品，赢得了广大读者的喜爱，产生了广泛的社会影响。但还没有人对这一历程做一个系统的回顾和研究，更不要说在大学讲坛上讲授了。"因此朱先生的《纲要》可以说最早用历史总结的态度来系统研究新文学的成果。当时大学中文系的课程还有着浓厚的尊古之风，所谓许（慎）郑（玄）之学仍然是学生入门的先导，文字、声韵、训诂之类课程充斥其间，而'新文学'是没有地位的。朱先生开设此课后，受到同学的热烈欢迎，燕京、师大两校也由于学生的要求，请他兼课……"（王瑶《先驱者的足迹——读朱自清先生遗稿〈中国新文学

研究纲要〉》)

为了"歌谣"课的开设，朱自清做了不少功课——也是在1928年9月间，朱自清多次和来访的浦江清讨论歌谣学，还向周作人讨教，从周处借了好多本歌谣方面的参考书，认真研读，做了不少笔记。所以到了1929年4月29日，朱自清就在《大公报》之《文学副刊》，分两次发表了论文《中国近世歌谣叙录》。对于歌谣的研究，朱自清并没有就此满足，而投入了更多的精力。几个月后即1929年度第一学期开学，朱自清开设的选修课"歌谣"已经是成熟的学科了，他用心编创了讲义《歌谣发凡》和参考资料《歌谣》。《歌谣发凡》是朱自清一部重要的作品，分《歌谣释名》《歌谣的起源与发展》《歌谣的分类》《歌谣的结构》四章，后来又增写了《歌谣的历史》和《歌谣的修辞》两章。《歌谣》内收杜文澜《古谣谚·凡例》和郭绍虞《韵文先发之痕迹》摘录，以及从古今中外典籍作品中辑录整理的谣谚和有关谣谚的论述一百四十三条。朱自清这两本研究成果，在中国歌谣史上都占有举足轻重的位置。可以说是他进入清华园以来，最有系统的一项学术工程。后来，朱自清把《歌谣发凡》改为《中国歌谣》，本想再补充内容，进一步完善，不知何故没有继续研究。浦江清在《中国歌谣·跋记》里说，朱自清的"歌谣"课，"在当时保守的中国文学系学程表上显得突出而新鲜，很能引起学生的兴趣。……这是部有系统的著作，材料通乎古今，也吸取外国学者的理论，别人没有这样做过。可惜没有写成。单就这六章，已足见他知识的广博，用心的细密了"。

这两门课程的设置，体现了朱自清为了他与杨振声设计的中文系"新旧文学接流"的新方向所做的努力。

说到浦江清，他到清华稍晚，开始是作为陈寅恪的助教，后来才和朱自清定交的。他很钦佩朱自清，朱自清也欣赏他，二人经常在一起切磋学问，就是闲谈，也都是围绕各门知识节点。有一次朱自清在浦江清家谈话，说到钱基博《文学史讲义》时，朱自清认为孔夫子自创雅言，其后孔子门徒遍天下，所以战国末期，文言统一了。朱自清谈及这些，看似是随意闲聊，其中是含有深意的，暗指清华的这次革新，必然也会对后世造成深远的影响。比如"歌谣"和"中国新文学研究"的开设，就为后来这两门学科的成熟奠定了基础。

也是因为浦江清，朱自清和吴宓有过一段较为密切的合作，起因是《大公报》的《文学副刊》，浦江清是吴宓的学生。吴宓任《大公报·文学副刊》总撰稿期间，浦江清、赵万里等是撰员，为了邀请朱自清加入《文学副刊》撰稿者之列，吴宓曾和赵万里专程去拜访朱自清。吴宓曾在日记里说："又与赵万里谈《文学副刊》事。赵之意见，与浦君昨谈者相同，均主张加入语体文及新文学，并请朱自清为社员。"可见是浦江清先跟吴提议拟请朱自清为撰员的。1929 年 1 月 21 日，朱自清还和浦江清一起，专程到吴家，同意加入《文学副刊》撰稿者之列。此后，朱自清成为吴宓家的座上宾，积极参与吴宓教授的各种雅集、聚会、邀宴。1929 年 3 月 26 日，朱自清第一次赴吴宅喝酒，边吃边聊新文学，谈《文学副刊》稿件事，在座的就有浦江清。在吴宓的日记里，有邀宴朱自清或朱自清和浦江清一起拜访吴宓的多次记录，而谈的大多都是《文学副刊》的事。几年后，吴宓去欧洲访学，朱自清作一首《送吴雨僧先生赴欧洲》的诗：

> 惺惺身独醒，汲汲意恒赊。
> 道术希前古，文章轻世华。
> 他山求玉错，万里走雷车。
> 短翮难翻举，临歧恨倍加。

可能是因为有不少教师有北大背景吧，周作人也多次和朱自清晤谈。从 1928 年 11 月 22 日到 1929 年 10 月

6日，有翔实文字记录的就有十多次，有时是周作人到清华园，有时是朱自清到周作人家，更多的时候是一起吃饭。如1929年1月12日，周作人在家设宴，欢迎他的学生罗家伦就任清华大学校长，朱自清、俞平伯、杨振声等都应邀参加，同时作陪的还有钱玄同、冯友兰、徐祖正、张凤举、刘延芳等，许多人都是当年"新潮社"成员。5月18日又赴周宅赴宴，作陪的还有傅斯年、钱玄同、刘半农、俞平伯、马裕藻等。22日又和俞平伯在清华大学接待来访的周作人。6月22日还是和俞平伯去周作人家里晤谈，7月5日又应张凤举邀宴，相聚东风楼，在座有周作人、俞平伯、徐祖正等。这样来来往往的聚谈、雅集，还有很多次。这样的聚谈，一来交流学问，相互促进；二来增进个人感情。当时的周作人周围，聚集了一批有深厚学养的朋友和学生，大家经常在周作人家聚谈，对各自的文学创作和学术研究，无疑都起到很大的推动作用。

朱自清还积极参与清华大学的各种活动和组织。1928年12月7日晚上，朱自清到工字厅参加中国文学会成立大会，并做《杂体诗》讲演。"若非朱先生的讲演，杂体诗未必是个有趣的题目。在这短短的演词中，朱先生所给予我们的不仅是文学里的知识，而且是知识界的趣味。这只需看满堂内春风般的颜色，和听那一阵阵流水似的笑声，就可以知道的了。"这是他的学生郝御风在听了演讲后写的文章里披露的，原来朱自清也有幽默的趣味的。在这次中国文学会成立大会上，朱自清担任了负责学术的委员。1929年11月清华大学中国文学会在工字厅召开常会，教职员20余人到会。杨振声报告中国文学系课程标准，一是注重中国古典文学，二是注重西洋文学，三是创造新时代的文学。朱自清都是积极的执行者。所以，杨振声后来曾欣慰地说："那时清华国文系与其他大学最不同的一点，是我们注重新旧文学的贯通与中外文学的融会。""这在当时的大学中，清华实在是第一个把新旧文学、中外文学联合在一起的。"

作为清华中坚力量的朱自清，对学生的毕业赠言也是极富激情和诗意："这是一个特别的时代，也许特别好，也许特别不好，但'特别'是无疑的。这个时代像正喷涌的火山，像正奔腾的海潮；我们生在这时代是幸福的，还是不幸的，诸君中也许将来有人能证明……但这是一个变化多、模式多的时代，在这里也许可以找着些'人生的意义与价值'……我相信诸君，将来会带了你们的成功，来装饰清华园这个好地方。"朱自清的赠言带着激情和希望，又何尝不是他自己的心声呢。所以，当 1930 年 6 月杨振声辞职后，清华大学第十九次校务会议议决朱自清代理中文系主任一职了。朱自清身上更多了一份责任，真正把一生都交给了清华。在清华美丽的校园里，师生们经常看到身材不高、衣着朴素的朱自清，或急匆匆行走在绿荫道上，或在教室里娓娓地给同学讲经授课，真正地成为清华园的中坚分子。

说朱自清是清华园的中坚分子，另有一件事也足可说明：1931 年 4 月，蒋介石任命吴南轩为清华大学校长。吴到校后，大权独揽，任用私人，擅改学校规章和惯例，不图发展学术，蔑视教授人格，挑拨师生关系，可以说是无恶不作，引起了清华师生的公愤，遂导致了颇有声势的驱吴运动爆发。5 月 28 日，有人代表清华大学大部分教授，拟一份《四十八教授态度坚决之声明》，该声明态度十分强硬，要求教育部"另简校长，重议规程"，并强调，"倘此问题不能圆满解决，定于下学年与清华脱离关系"云云。朱自清也在声明上签了字。朱自清在 5 月 29 日致陈竹隐的信上说了此事："告诉你一件不快的事……昨天此地教授会决议，电教育部反对校长，如不成就辞职，请每个人自由签名。大约全体都签了，我也就要签上。将来的事不可料。管他呢！"朱自清的签字，体现了一位正直的知识分子起码的责任的担当。因为一所大学，是不允许有恶势力存在的，正如他自己所说，清华大学"有更重大的使命：这就是创造我们的新文学……现在中国社会还未上轨道，大学是最高的学术机关，她有领导社会的责任与力量"（《中国文学系概况》）。

从 1925 年暑假后，一直到 1937 年卢沟桥事变之前，朱自清一直在清华大学任教，他也由一位年轻的诗人、作家，逐渐成长为有影响力的中坚学者。如果不是日本法西斯发动侵华战争，朱自清的问学之路可能更为一帆风顺，取得的成就可能更大。但世界上没有"如果"，日本法西斯的侵略战争，给中国人民造成了巨大的灾难，整个华北沦陷，清华大学被迫南迁，和北京大学、南开大学合并成立西南联大。朱自清又随清华大学一起，开始他长达九年的西南联大教学生涯。

从南岳山中说起

南岳圣经书院掩映在衡山险峻的半山腰上，四周环境很美，层峦叠翠，峡谷幽深，流泉飞瀑，历代都是风景绝佳之地，吸引许多游客流连忘返。

1937年秋冬季节，朱自清和清华大学许多师生一起，在这里度过了难忘的三个多月。此时，清华大学和北京大学、南开大学等组成了国立长沙临时大学，临大的文学院就设在这里。

朱自清是在1937年11月3日那天，和临时大学同事闻一多、陈梦家、叶公超、罗皑岚、柳无忌、金岳霖、冯友兰等二十多位教授，从长沙来到南岳衡山的。来自南开大学的柳无忌在日记中记述了那天的情景："冒着长沙秋天时有的蒙蒙细雨，于九点一刻开车，路上的风景不错，惟车行太快，惊弓之鸟的我不免悸悸。幸而一路平安，雨也渐止，天霁了。车在下摄司摆渡，经湘潭、衡山，在一点左右到达南岳市公路车站。在站旁中国旅行社招待所进行午餐，我们一行人就出发上文学院所在地圣经学院。在市内买手杖一枝。步行，经南岳寺、图书馆、黄庭观、白龙潭，约一小时许而达圣经学院。又自校址上，石阶三百四十四级，拾级而登，汗流气喘，乃抵临大文学院教员宿舍，即圣经学院西人教员住舍。为一小洋房，位在校址之巅，下望溪谷，仰视群山，四周尽是松树花草，堪称胜地。"柳无忌的描述够详细的了，但我们还可从冯友兰的描述中得到补充："这座校舍正在南岳衡山的脚下，背后靠着衡山，大门前也有一条从衡山流下来的小河。大雨之后，小河会变成一个小瀑布。地方很是清幽。在兵荒马乱之中，有这样一个地方可以读书，师生都很满意。"

朱自清到了圣经书院，屁股还没坐稳，朱自清就开始了工作——主持分房。战时工作也简单，教员宿舍的房子有大间和小间，就采用抽签的办法。有的两人一间，有的一人一间。比如柳无忌就抽得一双人间，和罗皑岚同住在楼上201室，房间虽然不大，又朝北背阴，但风景极佳，柳无忌说："开窗一望，高山数头，松树千枝，

亭亭直立，颇觉幽爽。"朱自清抽得一单人宿舍，这倒也符合他的个性，另外他毕竟是教授会主席，有很多校务需要他处理。所以这间屋不仅是他的宿舍，还兼作了办公场所。

安顿下来之后，因连日苦雨不断，朱自清和其他教授一样，躲在湿冷的房间里看书备课，时而串串门，和教授们议论一下天气，议论一下南岳美景，更多的是议论时局，议论从战火中赶来的尚在路上的各地学生，不免为他们担忧。但毕竟还是有校舍了，虽然远离繁华的都市，虽然地处封闭的深山，终究不再因战火而奔波了，也不用在日伪的眼皮底下受气了，为此他深感欣慰。那么家中妻小的情况还好吗？十多天前，汇往扬州的八十块钱收到了吗？这些都是朱自清挂念的。由于无电，只能点着油灯照明，在如豆的灯光下，朱自清矮小的身影照映在古老的墙壁上，他的剪影也是那么坚毅、坚强。所带的书籍极少，他把更多的闲时用来思考、记日记。

离原定的 11 月 18 日开会还有些天，许多教授做了简单的准备之后，有的顶风冒雨上山游览，大多数人待在室内不愿外出。朱自清大约也只在四周走了走，看了看。虽然寒冷，虽有雨雾，但四周的山景还是很有看头。从柳无忌的日记中，我们知道了那几天的雨中文学院附

近的景象，说不上美好，却很真实。节录如下：

十一月四日

午后大雾拨开，仍阴。饭毕，下石级散步，斜走一小径，约数十步，下眺山谷，心旷神怡。见斜坡上有一鲜红野花，未得攀摘之。树上正开白花，闻之不香，不知结何果实。野草树叶，少数已红，有将变红者。来日红叶满山，夹在青翠之松柏间，一定十分可爱。徘徊观望久之……

十一月五日

山中赏雨，也是一件雅事，但是我总希望天晴，好出去走走。一天没有离屋子，怪闷的，弥漫的大雾，看不到远景，从窗中望出，只见浓重的雾气，盖上了远近的山头，只八下屋旁一排一排的松树，萧杀地立着。有时雨大雾小，又有时无雨有霖，极尽变化的能事。山中打雷也与他处不同，不是霹雳一响，却连续的轰轰隆隆几声，有一种节奏，但乍听时有些害怕，仿佛天地末日快要来临了。

十一月六日

雨一夜未止。今日仍大风雨，可说最凄凉的一天。今晚——当我写此日记时——更是狂风骤雨交加，闹得窗户砰砰作声。我的房间朝西北，正好当风口，虽然关上玻璃窗，依旧风从缝入，吹得冷飕飕的；雨打窗，又从隙间钻进，近窗处满地皆水。房顶上有几处滴漏，真是不得了也。

十一月七日

昨晚狂风怒吼，一夜未止，山风可畏哉！今日天气奇冷，不时飘雨，晚上逆风又起，我已经将所有衣服尽穿身上，而犹不觉暖。未来的冬天不好过也。

从节录的柳无忌的日记中，知道了圣经书院连日不断的凄风苦雨，也知道了堪称中国文化精英的朱自清和其他临大教授们日常的生活。他们的坚守，他们的担当，他们在国难时所表现出的吃苦精神，无不让人动容。更何况，他们的伙食又很差。在柳无忌的日记里，常有"硬饭粗菜""食无鲜肉"这样的字眼，还说"湖南米饭硬得粒粒可数，吞之，不能细嚼……我有个念头：给我一包花生米，佳酒一壶，慢慢地饮，细细地嚼，必定美味不过"。

但天一放晴，这些大学教授们又像孩子一样爬山游玩了。

11月9日这天，朱自清和闻一多、吴达元、杨业治同游南台寺、福严寺、上封寺、祝融峰、藏经殿等衡山胜迹。闻一多是朱自清的朋友兼同事，吴、杨二人是朱自清的学生兼同事，四人一起上山，一起游玩古寺，观赏山景，必有不少共同话题吧。南台寺、福严寺都是名声很大的古寺，前者有"天下法源"之称，它建于梁天监年间，是六朝古刹，原是海印和尚修行的处所，在寺院后左边的南山岩壁上，有一如台的大石。传说当年海印和尚常在这块石上坐禅念经，所以寺名"南台"。福严寺在历史上出现了如楚圆、保宗、慈感、文演等一代宗师。这两大古寺和祝圣、上封二寺并称"南岳四大名蓝"。朱自清一行四人，且走且看且聊，刚下过雨的山景、森林，在阳光下显得清新炫目，林更绿了，山更青了，山道旁不时有溪流瀑布挂在山崖，发出各种悦耳的声响，像大型交响诗，身边的岩石上，更有水滴叮咚地落在石阶上，鸟鸣也从道旁林间欢快地响起，像是热烈欢迎远道而来的客人。当回首寻找圣经学院时，居然完全被林木所掩了，费了老大的劲才看到宿舍的一个楼角。到福严寺里，但见寺里千年银杏古树，庙舍威严，下望绿树红土，耕田如环，河水若带。朱自清等人在寺中徜徉一会，是否想起宋朝著名诗人杨万里的《崇德道中望福严寺》呢？朱自清、闻一多等都精通古典文学，大约早就熟悉这位诗人的赞咏吧："一径青松露，三门白水烟。殿横林外脊，塔漏隙中天。地旷迎先见，村移眺更妍。追程坐行役，不得泊春船。"据柳无忌日记中所记，此时的寺中聚集了不少来自全国各地的军人、学生，他在寺中见到不远处的平地上，有兵丁二十余人在操练，寺中还住有中山大学农学院的师生二十多人，午饭时更是军、学、僧同坐一桌，气氛十分融洽。这种和谐景象，也只有在国难时才会出现。朱自清一行大约也在寺中用餐喝茶了吧。

在去祝融峰的途中，朱自清一行还看了如狮子一样屹立的天然巨石，就是著名的狮子岩了。到了开云亭时，稍坐小憩，有题字曰"精诚所至，衡岳云开"，正好暗合了连续几天的阴风苦雨，此时阳光灿烂，一行人更是一路欢声上了上封寺。这游山共玩了两天，可长时期痛快了一回。

雨后的南岳名胜，朱自清算是走马观花，回来后，立即开展工作，首先给临大清华办事处去信，商谈俞平伯、闻一多、余冠英的休假及薪水诸事。按规定，闻一多和俞平伯、余冠英一样都应该休假。早在数天前，朱自清就给闻一多写信，商请他暂缓休假，赴校上课。朱、闻是好朋友，相互都很了解。闻一多得信后，知道朱自清这边需要他，学校需要他，学生需要他，便放弃休假，率全家于 1937 年 10 月 22 日一路风尘赶到长沙。朱自清非常感动，亲自到火车站迎接，路上就商量课程安排诸事。现在开学在即，关于他三人的诸多事情得向校方重新确认。另外，课程安排也让他操心不少。朱自清自己的课程也定了下来。1937 年 10 月 20 日，朱自清写信给夫人陈竹隐，信中开列了一大堆有关陶渊明诗和宋诗的材料，这是他急需的书籍，做备课研究的参考。

朱自清自 1937 年 9 月 21 日向俞平伯辞行后，一路上不停地给好友俞平伯写信，到天津，到青岛，到长沙，都有信来，一直到 1938 年 1 月 24 日。许玉蓉编纂的《俞平伯年谱》里，多次记录了俞平伯收到朱自清的信。如 1937 年 10 月 29 日，收到 16 日寄自长沙临时大学的信。这是朱自清到长沙后，俞平伯收到的第一封朱自清的信，此信在路上走了十三天。俞平伯接信后，当天就回了信。11 月 19 日，收到朱自清 11 月 3 日寄自长沙的信。

11月28日，收到朱自清的两封信，一封是朱自清写给俞平伯的信，另一封是朱自清写给临时大学关于俞平伯休假一年薪金待遇的信（抄件）。战时邮路真是不畅通，俞平伯12月8日才收到朱自清10月29日从长沙发来的信。1938年1月18日、20日两天，俞平伯收到朱自清分别于1937年12月26日和11日寄自南岳的信。先寄出的信后收到，这也说明邮路的艰难。从俞平伯的相关资料上看，朱、俞二人的频繁通信，一是因为俞平伯的休假事；二是因为朱自清的妻小还在北京，朱家的一些物品寄存在俞家；三是因为俞平伯的两个女儿此时正在临大读书。1月6日，俞平伯写信给浦薛凤，托其照顾已从济南齐鲁大学转入临大读书的两个女儿，并寄七律一首："泽中鸿雁几辛酸，逆旅长安菽水难。少日谁知堪北房，屏居今喜尚南冠。原来绯绿逢场戏，只在青黄反手间。岂必虫沙酬故劫，清霜不媚谢庭兰。"2月6日中午，俞平伯在宴请朋友时，又向其了解临时大学的情况，关心那里的许多朋友。8日下午，俞平伯和夫人一起专程去看望朱自清夫人陈竹隐及其子女。

不厌其烦地列举朱自清给俞平伯写信，是说明朱自清在南岳圣经书院的临大文学院一直是繁忙的，不仅给朋友写信，家书也不会少的。柳无忌在《南岳日记》中，就有多次给爱人、父母写信的记录。朱自清也是凡人，何况他的家人还分别居住在北京和扬州呢。家书断然是少不了的，也会有寄怀诗。1937年12月17日日记云：

> 写一绝句给竹：
> 勒住群山一径分，乍行幽谷忽干云。
> 刚肠也学青峰样，百折千回只忆君。

就在忙忙碌碌中，临大文学院正式开学。本学期朱自清开设的课是"宋诗"和"陶渊明"。

此时的长沙临时大学，是在日寇大举进攻北平、天津后，由北京大学校长蒋梦麟、清华大学校长梅贻琦、南开大学校长张伯苓、湖南教育厅厅长朱经农、湖南大学校长皮宗石、教育部代表杨振声六人为筹备委员组建起来的，指定三校校长为常务委员，杨振声为秘书主任，校址设在长沙韭菜园一号原圣经学堂旧址里。共有教师148人，职员108人，学生1452人（包括借读生218人，招收新生114人），合并为文、理、工、法商4个学院17个系。因韭菜园一号校舍不够，又将文学院迁到南岳圣经书院，对外称为长沙临时大学南岳分校。

闻一多在《八年的回忆与感想》中说："记得教授

们每天晚上吃完饭，大家聚在一间房子里，一边吃着茶，抽着烟，一边看着报纸，研究着地图，谈论着战事和各种问题，有时一个同事新从北方来到，大家更是兴奋的听他的逃难的故事和沿途的消息。……南岳是个偏僻地方，报纸要两三天以后才能看到。世界注意不到我们，我们也就渐渐不大注意世界了，于是在有规则性的上课与逛山的日程中，大家的生活又慢慢安定下来。"柳无忌在1937年11月28日日记中写道："晚同炳之（罗廷光）去仲济处，阅报及听广播消息。山居如世外桃源，报来不易，有客自长沙来，乃群集询问之。返舍去佩弦师（朱自清）室，诸人又来打听我们听到的消息。闲谈至九时半。"

是的，大学虽然被冠以"临时"之名，但朱自清和其他师生一样，是做长期打算的。课余之际，他们在校园附近的山道上漫步，去山上的各个名胜景点游览。无论是漫步还是游览，都不忘探讨学术。他们把认真读书研究、掌握本领、精诚团结、报效祖国，当成了自觉的行为。朱自清也开始了他的研究和写作，1937年11月28日，朱自清费时五天，写成一篇《文选序〈事出于沉思、义归于翰藻〉说》。朱自清后来又写了散文《出北平记》，写了泰恩·萨凯《在昨日之前》的书评和《日本语的欧化——谷崎润一郎〈文章读本〉提要》《日本语的面目》等。又写了陈子展《近三十年中国文学史》的书评。可惜，在如此艰难的条件下，这些文章除少数几篇留下外，其余都散佚了。

教授们生活清苦，除闲时逛山为乐，作作打油诗也是一乐。北大副教授容肇祖就发挥了自己的才能，作打油诗数首，把住在南岳圣经书院宿舍的许多老师的名字都嵌进了诗里，挺有趣味：

冯阑雅趣竟如何（冯友兰）
闻一由来未见多（闻一多）
性缓佩弦犹可急（朱佩弦）
愿公超上莫蹉跎（叶公超）

鼎沈雒水是耶非（沈有鼎）
秉璧犹能完莹归（郑秉璧）
养士三千江上浦（浦江清）
无忌何时破赵围（柳无忌）

从容先着祖生鞭（容肇祖）
未达元希扫虏烟（吴达元）

晓梦醒来身在楚（孙晓梦）

皑岚依旧听鸣泉（罗皑岚）

久旱苍生望岳霖（金岳霖）

谁能济世与寿民（刘寿民）

汉家重见王业治（杨业治）

堂前燕子亦卜孙（燕卜孙）（此绝冯芝生作）

卜得先甲与先庚（周先庚）

大家有喜报俊升（吴俊升）

功在朝廷光史册（罗廷光）

停云千古留大名（停云楼，我们的宿舍。）

　　打油诗不仅体现了教授们的才情，也是他们苦中作乐的一种消闲吧。

　　说到苦中作乐，冯友兰在他的自述里也有透露，说"有一次在饭厅吃饭，菜太咸，有人说，太咸也有好处，可以防止人多吃菜"。闻一多随口用汉儒解经的套子说："咸者，闲也，所以防闲人之多吃也。"闻一多还兴致很高地作一首诗，云："惟有哲学最诡恢，金公眼罩郑公杯。吟诗马二评红袖，占卜冗三用纸枚。"冯友兰解释说："这是为了嘲戏哲学系的人而作的。哲学系的金岳霖眼睛怕光，经常戴一副眼罩。郑昕喜欢喝酒。第二句是指他两人说的。当时吴宓有一首诗，其中有'相携红袖非春意'之句，我认为不很得体，第三句就是指此而言。第四句是说沈有鼎，他正在研究周易占卦的方法，用纸枚代替蓍草。"闻一多性情爽朗，菜咸他都有心情调侃，对于打油诗，他就更是在行了。关于吴宓的"红袖"诗，还有后续，冯友兰继续写道："我们住的那座楼旁边有棵腊梅。那时腊梅正开，站在楼上栏杆旁边，恰好与腊梅相齐。有一天闻一多同我又说起吴宓的那一句'红袖'诗，他随口说出了一句诗：'每饭不忘红袖句'，我随口应了一句：'凭栏唯见腊梅花。'"

郑昕在《怀念佩弦先生》一文中也记述了那一时期临大文学院和朱自清的事，摘要如下：

> 没有人手头有够用的书，学校也还未来得及替我们预备一个图书室，好在每人只教两样功课，每周上课四五小时。除上课外，大家集体的"上""下"，"上"是上山：半山亭，南天门，上峰寺，方广寺，藏经殿，虎跑泉等等，有时在寺中留宿，看日落日出；"下"是到山脚下的小镇买买

日用必需品，或在小馆子里吃湖南腊肉就白酒。上山下市，都少不了佩弦。我当时对于他的印象是坦白、诚恳、短小精悍的人。他爬山饮酒，都能尽兴，从来不肯示弱。我的履平地，登高山，习惯上是越走越快，在这批中年人的队伍里，我荣任了行路冠军。在有一次爬上峰寺的途中，佩弦和我边走边谈，从来他说话都有些急促，快到山顶时他才松一口气说"我走不过你"！我才知道他想超过我。他爱饮酒，酒量并不太大，大约白酒四五两之间吧。他从不少喝酒四五两，也没有一次别人举杯他不举杯的。酒微酡时，谨慎便盖不住他的豪爽；然而他从不失态。在这几十个同事和几百个同学的集体生活群中，他好像始终负着"主委"一类的责任，因为他细致、和蔼、勇于任事而且具有一颗公平的心。

文中所记的朱自清，活灵活现地出现在了我们面前。

朱自清和临大的同事们就在这样的环境和气氛中，迎来了1938年元旦，文学院师生也搞了个简短的联欢会。吴宓在1937年12月31日日记中写道："晚，在图书馆，即宓等居室之楼下，开分校师生新年同乐会。沿长案列座，进简朴之糕点，以祝昔在北平清华，真可谓流离中之欢聚也。有冯、钱诸公讲演；有自前线工作归来的学生报告；有各种谐谈；有涂文、李劭、傅幼侠之唱京戏，浦江清、沈有鼎之唱昆曲。又有奏乐器者。"朱自清在这种场合从来都是低调小心的，但他都乐于参与。在联欢会结束以后，他还兴致很高地和浦江清、柳无忌、陈雪屏一起打了三局桥牌至午夜。

原本以为临大会长期坚持下去，没想到，随着南京沦陷，日寇的铁蹄已伸向大半个中国，南岳也响起了警报声，就连在这样艰苦环境下的教读也不能维系了。柳无忌在1937年12月22日日记中写道："今日校中公布空袭警报规定。九时三刻在戏剧班上课，忽闻机声轧轧甚近。教室外学生走动甚多，听讲者面呈不安色。告以如愿者，可以自由离室，但无人出去。"27日日记："读现代诗。不久忽锣声大作，警报来了。皑岚自午睡中跳出床来，共下室趋避。时已下午四时半，不信敌机会来。"又说："大家都有一印象，以为临大命运即告终。"

果然，1938年1月20日，传闻成真，临大决定学校迁往昆明。

临大在南岳的任务也算完成了，冯友兰说："我们在南岳底时间，虽不过三个多月，但是我觉得在这个短时期，中国的大学教育，有了最高底表现。那个文学院的学术空气，我敢说比三校的任何时期都浓厚。教授学生，真是打成一片。有个北大同学说，在南岳一个月所学底比在北平一个学期还多。"确实是这样。在国难面前。大家突然都成熟了，学生肯学，教师一门心思展开工作。汤用彤一头扎进佛学里，写出一本《中国佛教史》；闻一多摆开一案子的书，考订《周易》。但，大家在情感丰沛、学术气氛非常浓厚之时，一想到时局，又顿觉得凄然，随之又更加用功下力了。

在除夕之夜，朱自清出席了师生聚餐会。酒席上，朱自清朗诵了冯友兰写的两首诗，之一云："二贤祠里拜朱张，一会千秋嘉会堂。公所可游南岳耳，江山半壁太凄凉。"之二云："洛阳文物一尘灰，汴水繁华又草莱。非只怀公伤往迹，亲知南渡事堪哀。"朱自清面色严峻，眼含泪花，声音低沉颤抖，一字一字地慢慢地把字音拉长。大家都被朱自清的情绪感染了，立刻沉浸在哀伤里，许多人流下了凄怆的泪水。临大精英荟萃、人才济济，朱自清和其他教授一样，入不敷出，生活非常艰苦。在这种情况下，大家都能同舟共济、同甘共苦，以民族文化的继承、弘扬为使命，教学、著述从未间断，面无忧容，从不戚戚于贫贱，也不汲汲于富贵，有着超脱玄远的境界，也时刻关心国家大事，当大家即将再度做千里迁移时，又怎么能不伤心感怀呢？

与柳无忌的交谊

1938年1月20日，长沙临时大学常委会议决定学校迁往昆明。其实早在几天前，教授们就得到学校南迁确切消息。柳无忌在1月17日日记中云，"今日有消息：临大迁昆明已经作最后决定。据云于下月初即开始搬校，学生步行经贵阳去滇，教授可自由行动，定于三月十五日在昆集会。一切与我的计划相合。现在我预备先去长沙，转港返沪，再自沪偕鸿及小孩（将近四个月了）去昆"。接下来的几天，因考试结束，柳无忌都在整理行装。1月21日午后，柳无忌整理好自己简单的行李，雇来轿子及挑夫，准备离校了。朱自清和浦江清赶来送行。三人站在宿舍门前，心情沉重。昨晚下了一场雪，又连着下起雨。雪停雨止，天气阴寒，朱自清、浦江清和柳无忌相对无语，心里却有万千感慨，虽然不久后又会在南国相聚，可路途遥遥，烽火连天，谁又能知道前路如何呢？

柳无忌是朱自清的学生，他的父亲是大名鼎鼎的南社诗人柳亚子，柳无忌从小就显露出语言天赋，随父亲见过许多南社名人。后来他在上海圣约翰学校读书，英文成绩尤其了得，17岁时就能将拜伦的《哀希腊》一诗译成中文。1925年柳无忌进入清华学校读书。朱自清当时也刚入清华，给旧学制的学生讲李杜诗，柳无忌正是这个班上的学生。可能受家学影响，柳无忌特别喜欢中国古典诗词，对李杜诗更是情有独钟。朱自清讲得卖力，学生也学得认真，一学期下来，柳无忌居然交了一篇两万多字的关于李杜的论文给朱自清。朱自清看了，大为吃惊，也大为赞赏。从此师生二人对对方留下了很好的印象。柳无忌曾回忆说："1925年夏天，悲惨地回到黎里（旧时吴江县一小镇）家里，对于前途一点也没有把握的我，已是十八岁了。幸而在清华学校教书的二舅父郑桐荪，为我设法从后门（不经过考试）送进清华园，在那里度过了两年最愉快的学生生活。"柳无忌毕业后，赴美留学，先后在美国劳伦斯大学、耶鲁大学读书，又到英国伦敦大学攻读西洋文学，回国后，执教于南开大学，教授英美文学。在长沙临时大学短短的岁月中，和朱自清等相交极好，经常出游、交谈、打桥牌，如今突然就要分别了，怎么能不依依难舍？

柳无忌在 1938 年 1 月 21 日日记中写道，"佩弦师及江清送至校门口。文学同人星散，离校者已有一半以上，日来在此甚凄凉，今则我自己也走了，剩下孤零零的几个人。回首二月前此间人才云集之盛况，不觉凄然"。又感叹说，"别矣南岳！景色太好，颇恋恋不舍"。朱自清和浦江清心情也不好受，目送柳无忌消失在山道上。

朱自清和柳无忌除了此前师生之情、此后的同事之谊，还有一段在异国的奇遇经历。那要从 1931 年暑假说起。清华大学有个规定，即在学校服务满五年后，可资费出国考察研究。朱自清取得资格后，于 1931 年 8 月 22 日从北京出发，取道东北，从苏联过境，历经劳顿，于 9 月 8 日下午抵达伦敦。

据说人生有几大幸事，"他乡遇故知"便是其中之一。

朱自清只身一人在伦敦大学听课，学习语言和英国文学，正准备按部就班施行自己的计划时，没承想遇到了他的学生柳无忌！朱自清在日记里写道："上午在查林路口忽遇柳无忌君，大喜。"这一天是 1931 年 10 月 10

日，是朱自清在伦敦大学听课的第二天，真是世界之大，无巧不有。

柳无忌是 1927 年清华毕业后公费赴美国的，在获得美国劳伦斯大学学士学位后，随即转入耶鲁大学研究院攻读英国文学。1931 年，柳无忌以论文《英国浪漫主义诗人雪莱》获得美国耶鲁大学文学博士学位，旋即赴欧洲进修，主要任务是搜集藏在英、法、德等国图书馆中的中国旧小说。就是在英国进修、工作期间，他和朱自清邂逅于伦敦街头。多年后，柳无忌也在回忆文章中写道："抵伦敦还不到几天，住在不列颠博物院附近一家小公寓内，有一下午在街上溜达，忽然迎面来了一个比我更矮的东方人；走近一看，是个中国人的相貌。我们大家停步，面对面相互谛视，觉得有点面熟。就这样，我无意地遇到了在清华大学教我李白、杜甫那门功课的朱自清老师。他比我大不了几岁，我又是他的一个好学生，在异域相遇，有一番亲切的感觉。"

朱自清和柳无忌在伦敦僻静的马路上邂逅后，过了几天，二人就一起参加了留英学会的一个活动。此后，二人交往便密切起来。1931 年 10 月 22 日下午，朱自清和柳无忌一起观看了话剧《轰动一时》，11 月 5 日，和柳无忌参加诗集书店所办的读诗会，听英语诗朗诵。17

日，两个人一起赴格尔斯登格林剧院看歌剧《船夫们》。朱自清的英文水平自然不能和柳无忌的相比，两个人参加各种活动时，对于生僻或怪异的词汇，朱自清想必也会请教柳无忌。柳在《与朱自清同寓伦敦》里说："我正在寻找可以安身的住处，与他的计划不约而同。最好不过的，如能找到一个地方，我们可以同住，比较热闹，有照应。朱自清的英文会话有困难，我毕竟在美国已住了四年；对于我们，伦敦虽同为异地，我却以老马识途自居了。"口语能力出众的柳无忌常常陪伴朱自清，二人相处也更加投机了。19日晚上，二人又赴基尔德会堂所办的读诗会，听约翰·高尔斯华绥朗诵自己的作品。朱自清在日记里说："这个朗诵会是为了支持非洲动物保护协会而举办的。高尔斯华绥先生的声音非常清晰，节奏分明，他朗读自己写的小说和剧本的片断，并且按照不同的内容而变换声调。最后，他朗诵了自己手稿中的几首诗。"诗人喜欢朗诵，我是早就知道的，我身边的一些诗人，无论名头大小，都喜欢在酒桌上或诗会上朗诵自己或别人的诗，而且都是情感百分之百地投入。但朗读小说我听得不多，只有一次，是2014年春天，《小说选刊》举行"茅台杯"的颁奖仪式，会上请了几位善于朗诵的年轻编辑和小说家朗诵获奖作家的小说，听了居然也很有感觉，原来小说也是适合朗读的，而且听起来别有情味。朱自清能够在那个年代听高尔斯华绥朗读他自己的小说，想必更有新鲜之感吧。不过这次朗诵会还有一个小插曲，朱自清在日记中有详细记述：当高尔斯华绥"朗读完他的剧作《正义》中一个法官的一段话时，从剧场楼厅上传来了一个人的声音。我听不懂他的意思，但相信他是在提抗议。这是一个老头儿，他好几次向高尔斯华绥先生挑战，但没有成功。听众阻止他大声说话。那老头的嗓门越高，听众们就越是向他进行牵制性的示威。高尔斯华绥先生只在他开始起哄时回答了他第一句问话，后来就静静地听他说话。过了一会儿，高尔斯华绥先生向听众问道：'你们愿意听完这个朗诵吗？'听众们答以雷鸣般的掌声和跺脚"。到这里，朱自清和听众一样，对这个提问者也心存不满。但当朱自清"在门口遇见古怪的人"时，发现"他是一个穷工人"，便立即"改变了看法，重新评价他的挑战"。在这次欧游中，朱自清日记中有多次参加诗会的记录。朱自清回国后，1932年10月14日，他出席清华中国文学会迎新大会做演讲时说："英国的读诗会，本人曾听过几个。一次，是在一条小胡同内，找了半天才找到，是一间诗集店，主人，主妇，都会作诗。每到一定时间，有一个读诗会，有一人宣读。票价六角。有一次是店主太太宣读，听众都是女子，只有本人和另一男子，躲在后边，不敢出头。其余两次，都是很大的读诗会。可见在英国，很常见。"

朱自清和柳无忌相遇不久，他们就在伦敦北郊芬乞来路找到了一处理想的房子。柳无忌在《与朱自清同寓伦敦》里介绍道，这"是一家老式的房子。当年它应是十分漂亮、阔绰的，可是现在却与主人同样的命运。当我们按铃时，一个爱尔兰女佣把我们接进去，跟着房东太太与她的女儿也出来，与我们交谈。她们温文有礼，说有两间房，愿意租与东方人。这样，我们就在'维多利亚时代的上流妇人'希布斯太太家中住下了"。在两人挑选房间时，朱自清虽然有清华大学的津贴，但月费不一定比柳无忌多，加上还要接济国内的家用，就挑了一间侧房，而把一间大的正房让给了柳无忌。二人住进之后，和房东一家相处很好，柳无忌继续说，"我们每天与希太太及小姐同进早餐与晚饭。这是英国租房的惯例，与美国不同；除午饭外，房客餐宿于寄寓的家中，与房东太太保持相当友谊。在这方面，朱自清与我做到了"。

朱自清有了稳定的住处，心也定了下来，开始执行自己的计划，除了听课外，就是到处参观、看戏、逛书店、听音乐。每天早上，他和柳无忌从房东家出门，步行不远就是芬乞来路上的公交车站，两个人一同等车，一同进城，乘车并不拥挤，乘客也都彬彬有礼。到了不列颠博物院附近，朱自清与柳无忌分手，各奔各的目的地。

秋冬季的伦敦，雾很重，在街头常有伸手不见五指的感觉。街头的公共汽车也有意思，除驾驶员外，还得有一个帮忙的人，姑且叫"辅驾"吧，即协助驾驶员开车的人。辅驾在马路上高举一个火炬，引导汽车慢慢吞吞地向前行驶。平常十分钟的路，雾重时要走几十分钟。即使到了市中心，灯火通明了，也还有阴暗的感觉。朱自清就是在这样的环境中开始了一天的工作。

忙了一天后，朱自清回来就开始工作，躲在自己的小房间里，不是写信就是写日记，或者看书。柳无忌回来时，每次看他都在伏案工作。所以除了吃饭时间，二人很少在住处交谈。不过对于他们共同的房东，朱自清和柳无忌都有好印象。朱自清还专门写过一篇《房东太太》，把房东太太这位"维多利亚时代"的刻板而守旧的老妇人的性格描写得淋漓尽致。不过房东太太还是善良的人，她家的饭菜也不坏，对朱柳二人都还尊重、客气。朱自清在《圣诞节》里有一段在她家一起过圣诞节的描述："圣诞节的晚上，在朋友的房东太太家里。照例该吃火鸡，酸梅布丁；那位房东太太手头颇窘，却还卖了几件旧家具，买了一只二十二磅重的大火鸡来过节。可惜女仆不小心，烤枯了一点儿；老太太自个儿唠叨了几句，大节下，也就算了。可是火鸡味道也并不怎样特别似的。吃饭时候，大家一面扔纸球，一面扯花炮——两个人扯，有时只响一下，有时还夹着小纸片儿，多半是带着'爱'字儿的吉语。饭后做游戏，有音乐椅子（椅子数目比人少一个；乐声止时，众人抢着坐），掩目吹蜡烛，抓瞎，抢人（分队），抢气球等等，大家居然一团孩子气。最后还有跳舞。"只是，朱自清把房东太太称着"在朋友的房东太太家里"，让我疑心不是在希布斯太太的家里。但是从他的日记和文章《房东太太》及柳无忌的文章中判断，又确实是在希布斯太太家里过的圣诞节。柳无忌也喜欢这位房东太太，说她"对房客的膳食从不吝惜……因此我们住得好，吃得好，而使朱自清更高兴的是他有听讲英文的机会。……那位房东小姐（她高出我们两个头）平时很静默，我们两个东方人更不大讲话，所以饭桌上只有老太太滔滔不绝地谈天说地，把他们家中的一些故事都搬了出来。小姐有时补充一两句，我们偶尔也参加一些赞许的话，表示听得津津有味。那时候，希布斯太太高兴了"。

朱自清也会和柳无忌一起去郊外游玩。他们去过一个叫 Hampstead（汉普斯特德）的旷野散步。"那不是一个整齐的用人工布置的公园，只是一片浩漫、没有边际、灌木丛深的原野，望出去有旷然无涯的感觉，好似置身在大自然的怀抱中。"（柳无忌《与朱自清同寓伦敦》）这里有很多游客，还有许多现代诗人和作家也住在这里，比如散文家约翰逊博士、戏剧家高尔斯华绥等，朱自清能在这样的旷野上呼吸新鲜空气，和伦敦的当地人共同游览郊外风光，必定也是心旷神怡的。

1932 年 1 月 7 日，朱自清还和柳无忌二人一同去吉尔福特大街十八号访问林语堂。林语堂特别开心，跟两位中国作家介绍他的中文打字机的设计。这位早早就出名的作家，大概对于书写的效率很不满意吧，又累又慢，书写往往跟不上思维。见过世面的林语堂，从英文打字机上找到了灵感，或得到了启发，居然花了不少时间琢磨起了中文打字机来，而且其原理还靠谱。面对两位更年轻的作家，他大大地卖弄了一回。不久之后，林语堂又请了朱自清到新粤酒家吃了一回。

在欧洲近一年的时间里，朱自清不仅和巧遇的柳无忌成为好邻居，还常常遇到别的朋友，比如和文字学家唐兰一起去英国国家美术馆参观，专程到米尔斯旅馆看望住在这里的李健吾等，后来在柏林的一个茶话会上还见到蒋复璁夫妇并认识了冯至。冯至请朱自清吃了一顿家宴，1932年6月19日，朱自清和蒋复璁、冯至一起去游览了无忧宫。更有趣的是，朱自清在临回国那段时间的游览中，居然几次邂逅柳无忌夫妇。其实有两次还大大游玩一通，一次是在瑞士的少妇峰（处女峰），一次是在意大利那不勒斯。朱自清的散文《滂卑古城》，写的就是那次的游踪。

他乡遇故知，给朱自清的异国游学和旅行带来了许多惊喜，也给他带来了便利和亲切，是这次游学、考察的意外收获。

柳无忌回国后，去了南开大学任教。因去长沙临时大学，二人才在1937年年底再次相聚，虽然情况更为特殊，却在教学、交往和出游中，结下了更为深厚的情谊。四十年后，柳无忌身在美国，在《与朱自清同寓伦敦》中深情地说："我与朱自清先生在湖南南岳的长沙临时大学文学院，及云南昆明的西南联合大学，一起教书，由师生、伴侣，成为同事。在昆明时，我们大家有家眷，跑警报，对付生活，无暇作交际来往。抗战结束，我偕家人来美。二年后，哀伤地听到一代文人、名教授朱自清在北平逝世的噩耗。"

南下道中

    1938年2月16日，长沙临时大学的师生分三路，一路是由大部分学生编成队伍，组成湘黔滇旅行团，步行赶往昆明，还计划途中做些调查研究，身体好的教授愿意而且能够步行的也和学生大队一起出发。性格豪迈的闻一多就是随着"旅行团"向大后方挺进的。另一路师生由粤汉铁路乘火车到广州经香港、越南入滇。而朱自清和冯友兰、陈岱孙、汤用彤、钱穆等十余名教授走的是另一条道，乘汽车从南岳动身赶往昆明。1938年2月17日，经过一天多的旅行，他们于中午时分到达桂林，简单浏览了市容之后，便住了下来。

    在接下来的几天中，朱自清和冯友兰等人游览了桂林著名的风景名胜，七星岩、月牙山、珠洞、木龙洞、风洞山等，还一连几天游览了漓江山水。朱自清在1938年2月18日日记中说："见到'平蛮三将碑'，及'元祐党人碑'。七星岩之岩洞不如上方山。导游以韵文作说明，称为仰山，亦赶行情之意也。"在21日日记中说："十二时半乘船去阳朔。我们得三艘平底船，我乘较大的一艘。船行很慢，景色不错。下午七时在龙门抛锚，是一小村庄。村民正在举行仪式，他们唱着，敲着鼓，从庙内抬出一木制龙头。那歌声，在我听来很悲伤。鼓声伴着歌声敲得很响。拖拽船只上水之纤夫与船上的全体人员在同大自然搏斗时悲哀地呼喊。那喊叫和姿态很刺激我们的感觉。"这是朱自清记得较为详细的日记，可见村民的奠祀场景给他留下深刻的印象。晚上住在宾馆，他和冯友兰等人听留声机唱片，闲聊的话也很多，还讨论家庭和婚姻，度过了极其丰富的一天。22日继续在漓江游览，更是痛快尽兴，朱自清在日记里说，"竟日在舟中。风景愈行愈美，岸上奇山如屏风。朝过大墟，晚宿羊皮村"。大约是玩得太过尽兴了吧，朱自清这天破了点小财，不小心把眼镜丢了。夜里还做了一个噩梦，在梦中几乎死去。也可能是这两天确实玩累了。23日继续行船，日记里写道，"船在画山边经过。大墟与兴坪间很美"。"晚抵阳朔。这城市像瑞士山区修养地。这儿的山是整体的，而非桂林那样到处分散"。24日这天，天气继续晴好，桂林那边的汽车开过来了，教授们又立即出发，因为这儿风景再好，毕竟不是他们的目的地，他们的使命十分明确，即到昆明建立西南联大。又是一路急行，于当日晚上到达柳州。柳州也是美丽的城市，他们还不顾舟车劳顿，连夜参观柳州的旧城。第二天即25日，更是早早就来到柳州著名的名胜立鱼峰参观游览。

立鱼峰在柳江南岸，"平地崛起，突兀耸秀"，峰不高，仅68米，海拔也不过156米，却闻名天下。此峰得到过唐代大文学家柳宗元的称赞，谓"山小而高，其形如立鱼"，故得名立鱼峰，也叫石鱼山。山上树木高大葱茏，浓荫匝地，亭台楼阁穿插其间，十分妥帖精巧。半山腰上有崖刻"柳江砥柱"四个大字。山中遍布洞穴，还有清凉洞、玉洞、盘古洞、纯阳洞、阴风洞、蠡斯洞、三姐岩七个岩洞彼此贯通，习称"灵通七窍"。明代大旅行家徐霞客曾来一游，盛称诸洞景奇："是山透腹环转，中空外达，八面玲珑，即桂林诸洞所不多见也。"洞里的历代摩崖石刻更是令人目不暇接。朱自清一行在桂林的漓江玩了水，在行船上看了山，又在柳州爬了立鱼峰，和同事好友对历代摩崖石刻指指点点，或高声辨读，或默默揣想，又在峰顶上看柳江岸边的古城，心情大好的同时，又格外沉重，山河毕竟已经破碎，一群高级知识分子，却是在流离中游览祖国的大好河山。看了立鱼峰后，朱自清一行在大塘吃了午饭，又于晚上赶到了南宁，住在大升旅馆。或许是人多事多的缘由吧，也或许是因为长时间寂寞的旅行，同行的教授们之间发生了一点语言上的摩擦，不过朱自清在日记中用"甚无谓"一笔带过。

连续的长途奔波中顺带的参观游览，触发了朱自清的诗情和灵感，河山虽然美丽，战局却不很乐观，一路思之想之，于1938年2月25日到了南宁后，朱自清成诗一首："招携南渡乱烽催，碌碌湘衡小住才。谁分漓江清浅水，征人又照鬓丝来。"最后一句，化用的是陆游《沈园》诗里的"伤心桥下春波绿，曾是惊鸿照影来"之句。相同的境遇，朱自清的诗，比起陈寅恪、吴宓的诗来，或许多些无奈而少了些悲愤，甚至有"小住才"的新典故。此典出自陈岱孙，陈曾告诉朱自清一联语，曰："小住为佳，得小住且小住；如何是好，愿如何便如何。"这是说南岳三个月的小住经历。但此典用在这里，似乎并不严谨。与朱自清他们走不同的道路而抵达云南的吴宓，在《大劫一首》里，同样关于"南渡"，就流露出更为深切的悲观情绪："绮梦空时大动临，西迁南渡共浮沉。魂依京阙烟尘黯，愁对潇湘雾雨深。入郢焚麋仍苦战，碎瓯焦土费筹吟。惟祁更始全邦梦，万众安危在帝心。"再说陈寅恪，到了云南蒙自后，心情不佳。蒙自有一个叫南湖的小湖，湖中有岛，曰松岛。西南联大蒙自分校的师生常来此处散步。有一天，傍晚时分了，陈寅恪与吴宓在南湖散步，欣赏湖里的荷花，忽听见桥旁的酒楼里，有划拳、碰杯声，不禁悲从中来，突口吟道："景物居然似旧京，荷花海子忆升平。桥边鬓影还明灭，楼外笙歌杂醉醒。南渡自应思往事，北归端恐待来生。黄河难塞黄金尽，日暮人间几万程？"吴、陈二人的诗都是到了目的地之后的感怀，他们和此时尚在途中的朱自清，心情颇不一样。事实上，朱自清在这首诗之后，复杂的情感被催生，思想高度活跃，又成诗数首：

龟行蜗步百丈长，蒲伏压篙黄头郎。
上滩哀响动山谷，不是猿声也断肠。

劈面飞来山一雄，绝无依傍上苍穹。
从教隔断篱江水，点染烟云补化工。

九折屏风水一方，绝无依傍上穹苍。

妃黔俪白荆关笔，点染烟云独擅场。

皮鼓蓬蓬彻九幽，百夫挣扛木龙头。
齐心高唱祈年曲，自听劳歌自送愁。

"不是猿声也断肠"之句，也是化用古人《巴东三峡歌》："巴东山峡巫峡长，猿鸣三声泪沾裳。巴东三峡猿鸣悲，猿鸣三声泪沾衣。"明人何景明也有《竹枝词》："青枫江上孤舟客，不断猿啼亦断肠。"南渡中的朱自清，在疲乏中，写下诗作，并非一时诗兴大发，而是这几天游览中的有感而发，以写景带出个人情思，和后来的陈寅恪、吴宓在蒙自的诗终是合上了拍。

1938年2月26日继续驱车南行，晚上抵达龙州。到了龙州，就算边陲了。稍事休息后，第二天，朱自清和冯友兰一起到有关部门办理护照，后又经越南的河内乘滇越火车，于1938年3月14日抵达目的地昆明，开始了西南联大的九年岁月。

《蒙自杂记》

冯友兰在自述里说："胡适已经出任中国驻美大使了，联合大学的文学院院长由我担任。当时昆明的校舍不敷分配，又把文学院分设在蒙自。蒙自原来是中国和越南通商的一个重要城市，那里设有海关。后来滇越铁路通车了，蒙自失去了原来的重要性，海关也迁走了。海关衙门空着，联大文学院就设在海关衙门里面。我又从昆明转蒙自，文学院的师生大部分也都到了。那座海关衙门久不住人，杂草丛生，好像一座废园，其中蛇类很多。有一位同事，晚上看见墙上有条大裂缝，拿灯一照，原来是一条大蟒倒挂下来。"

1938 年 4 月 5 日，朱自清来到蒙自。联大文学院租借了蒙自海关和东方汇理银行，刚来时，朱自清连日奔忙，安排校舍及教师住所。他自己也住在海关院内的一个小平房里，"面积约十平方米。房间里面放着一张床铺、一张方桌、一张小书桌、一张竹书架、一张藤椅和几张凳子，但已摆得满满的了。迎面几扇窗户，室外是个大院子，由于南国的自然条件，庭中枝藤丛绕，但也夹杂有许多叫不出名字的自生自长的鲜花，可供推窗欣赏"。（李为扬《和朱自清先生过从的回忆》）4月19日，西南联大常委会决议，由樊际昌、陈岱孙和朱自清负责蒙自分校校务委员会教授会代表的推选工作。

朱自清在海关住的时间不长，可能是由于冯友兰所说的屋里常有蟒蛇光顾吧，20日就搬到东方汇理银行307室了。在这里，朱自清写作了《什么是宋诗的精华》。"宋诗"也是朱自清新学期要开的课（因为学校迁移，新学期要到5月2日才开学），对于遗石老人评点的《宋诗精华录》，做了分析和评点，为以后上课做准备。

朱自清初到南国，自然被美景所吸引，在昆明就和陈岱孙、浦江清等游览了西山、华宁寺、太华山、三清阁等。游览时，各景点游人不少，特别是见到一个带着孩子的年轻妇女，状似竹隐和思俞，朱自清的思亲之情油然而生。没隔几天又游金殿、黑龙潭。到蒙自以后，游南湖、三山、军山，又应历史学家雷海宗邀请游三山公园。说起南湖，还有一段小故事，当时的联大学生王曰叟在散文《南湖盛事》里说："学生宿舍则男生住在歌胪士洋行，女生住在城内士绅周伯斋先生的公馆。海关（校区）和洋行都在城外，两处相距约200米，有一条农村的石板街相边。而在另一侧有一片洼地，足有二十来亩大小，听当地人说叫南湖。大家心想这不是坑吗，怎么叫湖？哪知一个初夏夜晚，大雨倾盆，第二天起来看时，宿舍前面虽非碧波万顷，却是汪洋一片……自此以后每天晚饭后，大家必都绕湖散步。"看来这南湖的"湖"也是季节性的。不过在当时，联大的师生在这里散步的风景，还是很有情致的。王曰叟说，"看吧，这边过来的戴着礼帽、西装笔挺的是朱自清。那边一袭长袍、颔下一把胡子、慢慢走来的是冯友兰。个子不高、拿着手杖、很快走来的是汤用彤。夹着个布包、慢慢挨过来的又是陈寅恪。而当时最为许多学生艳羡的，是一对青年教授夫妇：男的风度翩翩，不愧是位诗人，女的更是身材修长、仪态娴雅，饶具东方之美，那便是陈梦家和他的夫人赵萝蕤"。文章中所说的南湖，就是陈寅恪感怀过的，他和吴宓交谊最多，吴住在城里，上完课后，二人常常一起散步，南湖边便是他们常来之地。

朱自清在同学们的眼中，是头戴礼帽、西装笔挺，怕是少有拿得出手的行头吧。不过他当时在学生心目中的地位是颇高的。在同事眼中，朱自清依然不改脾气，研读、教学之余，和朋友闲谈、聚餐。郑昕说："蒙自是个小城，海关和南湖是城外的风景区，课余仍有游观之乐与饮酒清谈的机会。蒙自开远一带出的是'杂果酒'，我们刚到时还能喝到三五年的陈酒，随着需要的增加，市上只能买到甜而不香的新酒，间或从本地士绅处能得到十年以上的陈酒。佩弦和我照例是携着得来的酒，一次饮完，大约是一斤上下吧。起初的话题是上下古今，不着边际的乱谈，后来渐渐论到各人自己，佩弦最能说干脆话：'我们中人之资的人，全靠勤勉，才能多少有些成就'。'世界上人分两种，一种最不容易满足，一种最容易满足，我是属于后一类的'。我们共饮的机会，一月至少有一次，也有一星期多到两三次的。"

初到蒙自，社会活动不少，中国农民银行（日记中误记成中国农业银行）开业，行长徐绍谷请朱自清参加开幕式，他作贺诗一首。这是一首四言诗，在朱自清的诗中极为少见，其中有"维我中华，以农立同，圣人垂训，首曰足食"之句。演讲也有，5月4日那天，朱自清和张佛泉、罗常培等在蒙自分校学生纪念"五四"集会上讲演，朱自清讲了当年他参加运动时的许多趣闻轶事，朱自清在日记中说，"听众不断有笑声"。

5月20日这天，联大蒙自分校中文系和外文系组织南湖诗社，朱自清和闻一多应邀担任导师。诗社成员赵瑞蕻说："朱先生总是认真地看我们诗社交给他的稿子，提出意见；还同我们亲热地在一起讨论新诗创作与诗歌研究等问题。"（《梅雨潭的新绿——怀念朱自清先生》）朱自清一直支持学生热爱新文艺，这样的例子能举出很多，就说一年多后，他因病辞去了中文系主任的职务。一次新主任罗常培在茶话会上，发现新生刘北汜在调查表里填的是"爱读新文艺作品，讨厌旧文学"。罗主任很不满，不点名批评了刘北汜，说中国文学系就是研读古文的系，爱新文艺的不要读中国文学系！朱自清和杨振声一起反对罗常培。朱自清激动地说："我们不能认为学生爱好新文艺是要不得的事。我认为这是好现象，我们应该指导学生向学习白话文的路上走。这应是中文系的主要道路。研读古文只不过便利学生发掘古代文化遗产，不能当作中文系唯一的目标！"当时不少大学都重古轻今，西南联大也不例外。社会上广为流传的一个段子是，西南联大刘文典在一次跑警报时，看到前边步履蹒跚的陈寅恪，正想紧赶两步上前搀扶，突然看到年轻些的沈从文从后边赶了上来。刘文典顿时火起，冲着沈从文大嚷："我跑是为了保存国粹，为学生讲《庄子》；学生跑是为了保存文化火种，可你这个该死的，跟着跑什么跑啊！"据说还有一次，学校当局要给沈从文晋升，刘文典听说后勃然大怒，对众人大叫道："在西南联大，陈寅恪才是真正的教授，他该拿400块钱，我该拿40块钱，朱自清该拿4块钱，可我不会给沈从文4毛钱！如果沈从文都是教授，那我是什么？"这两个段子有好几个版本，但大致意思差不多。可见新文学作家在这些老派教授心里的地位了。但是朱自清始终不这么认为，他一直支持学生热爱新文学，无论是当年在杭州的浙江一师，还是在北京的清华园，他都担任过各类文学社的顾问。所以当蒙自分校的向长清、刘吉兆、查良铮（穆旦）、赵瑞蕻等学生成立南湖诗社并请他任导师时，他和闻一多都欣然接受，还几次参加他们的座谈会。诗社还选了一部分诗，请闻一多和朱自清两位老师过目，"有指导教师参加的诗刊全体社员座谈会，只开过两次。在我模糊的印象里，似乎谈及新诗的前途、动向问题，也谈到新诗旧诗对比问题，对新旧诗问题有过争论……连闻、朱两位指导教师在内，都主张南湖诗社以研究新诗、写新诗为主要方向"。（刘吉兆《闻一多朱自清指导的南湖诗社始末》）

在蒙自有一个大好的消息，夫人陈竹隐率家人从北京千里迢迢赶来了，朱自清于 5 月 30 日接到电报后，即动身赶往越南的海防迎接家人。6 月 2 日这天，海防的天气格外好，朱自清早早就在码头迎接了。当一家人在异国相聚时，是何等开心啊，朱自清看看采芷，摸摸乔森，抱抱思俞，然后和陈竹隐一起游览海防的市容。他们于 6 月 5 日回到了蒙自。

有了稳定的生活环境，朱自清又开始手不释卷、著书写文了。在蒙自短短的几个月里，朱自清主要的工作就是编制"大学中国文学系科目草案"。这个工作不轻松，朱自清与罗常培一连商量了好几天。此"草案"的编制，是受教育部的委托，朱自清担任中国文学部分，罗常培担任中国语文部分。

朱自清在蒙自时间不长，学期结束后，即 7 月 23 日，因蒙自分校撤回昆明，朱自清也回到昆明，联系住房，8 月 4 日再次返回蒙自，并于第二天出席蒙自分校校务委员会会议，接替樊继昌担任分校校务委员会代理主席一职，负责分校的结束工作。8 月 13 日，朱自清送陈竹隐和乔森、思俞先行到昆明所赁之宅青云街 284 号冰庐。

短暂的蒙自分校结束了，这段岁月却一直留在朱自清的心中。一年以后，朱自清写了一篇《蒙自杂记》散文，记叙了这段不寻常的经历，文章平实、细致，采用作者喜欢的口语体，写了蒙自真实的街市和市民的趣事，挺有趣味，摘抄几段如下：

蒙自小得好，人少得好。看惯了大城的人，见了蒙自的城圈儿会觉得像玩具似的，正像坐惯了普通火车的人，乍踏上个碧石小火车，会觉得像玩具似的一样。但是住下来，就渐渐觉得有意思。城里只有一条大街，不消几趟就走熟了。书店，文具店，点心店，电筒店，差不多闭了眼可以找到门儿。城外的名胜去处，南湖，湖里的崧岛，军山，三山公园，一下午便可走遍，怪省力的。不论城里城外，在路上走，有时候会看不见一个人。整个儿天地仿佛是自己的；自我扩展到无穷远，无穷大。这教我想起了台州和白马湖，在那两处住的时候，也有这种静味。

大街上有一家卖糖粥的，带着卖煎粑粑。桌子凳子乃至碗匙等都很干净，又便宜，我们联大师生照顾的特别多。掌柜是个四川人，姓雷，白发苍苍的。他脸上常挂着微笑，却并不是巴结顾客的样儿。他爱点古玩什么的，每张桌子上，竹器瓷器占着一半儿；糖粥和粑粑便摆在这些桌子上吃。他家里还藏着些"精品"，高兴的时候，会特地去拿来请顾客赏玩一番。老头儿有个老伴儿，带一个伙计，就这么活着，倒也自得其乐。我们管这个铺子叫"雷稀饭"，管那掌柜的也叫这名儿；他的人缘儿是很好的。

城里最可注意的是人家的门对儿。这里许多门对儿都切合着人家的姓。别地方固然也有这么办的，但没有这里的多。散步的时候边看边猜，倒很有意思。但是最多的是抗战的门对儿。昆明也有，不过按比例说，怕不及蒙自的多；多了，就造成一种氛围气，叫在街上走的人不忘记这个时代的这个国家。这似乎也算利用旧形式宣传抗战建国，是值得鼓励的。眼前旧历年就到了，这种抗战春联，大可提倡一下。

……蒙自的民众相当的乐意接受宣传。联大的学生曾经来过一次灭蝇运动。四五月间蒙自苍蝇真多。有一位朋友在街上笑了一下，一张口便飞进一个去。灭蝇运动之后，街上许多食物铺子，备了冷布罩子，虽然简陋，不能不说是进步。铺子的人常和我们说，"这是你们来了之后才有的呀。"可见他们是很虚心的。

蒙自有个火把节，四乡是在阴历六月二十四晚上，城里是二十五晚上。那晚上城里人家都在门口烧着芦秆或树枝，一处处一堆堆熊熊的火光，围着些男男女女大人小孩；孩子们手里更提着烂布浸油的火球儿晃来晃去的，跳着叫着，冷静的城顿然热闹起来。这火是光，是热，是力量，是青年。四乡地方空阔，都用一棵棵小树烧；想像着一片茫茫的大黑暗里涌起一团团的热火，光景够雄伟的。四乡那些夷人，该更享受这个节，他们该更热烈的跳着叫着罢。这也许是个被除节，但暗示着生活力的伟大，是个有意义的风俗；在这抗战时期，需要鼓舞精神的时期，它的意义更是深厚。

南湖在冬春两季水很少，有一半简直干得不剩一点二滴儿。但到了夏季，涨得溶溶滟滟的，真是返老还童一般。湖堤上种了成行的由加利树；高而直的干子，不差什么也有"参天"之势。细而长的叶子，像惯于拂水的垂杨，我一站到堤上禁不住想到北平的什刹海。再加上崧岛那一带田田的荷叶，亭亭的荷花，更像什刹海了。崧岛是个好地方，但我看还不如三山公园曲折幽静。这里只有三个小土堆儿。几个朴素小亭儿。可是回旋起伏，树木掩映，这儿那儿更点缀着一些石桌石墩之类；看上去也罢，走起来也罢，都让人有点余味可以咀嚼似的。这不能不感谢那位李崧军长。南湖上的路都是他的军士筑的，崧岛和军山也是他重新修整的；而这个小小的公园，更见出他的匠心。这一带他写的匾额很多。他自然不是书家，不过笔势瘦硬，颇有些英气。

联大租借了海关和东方汇理银行旧址，是蒙自最好的地方。海关里高大的由加利树，和一片软软的绿草是主要的调子，进了门不但心胸一宽，而且周身觉得润润的。树头上好些白鹭，和北平太庙里的"灰鹤"是一类，北方叫做"老等"。那洁白的羽毛，那伶俐的姿态，耐人看，一清早看尤好。在一个角落里有一条灌木林的甬道，夜里月光从叶缝里筛下来，该是顶有趣的。另一个角落长着些芒果树和木瓜树，可惜太阳力量不够，果实结得不肥，但沾着点热带味，也叫人高兴。银行里花多，遍地的颜色，随时都有，不寂寞。最艳丽的要数叶子花。花是浊浓的紫，脉络分明活像叶，一丛丛的，一片片的，真是"浓得化不开"。花开的时候真久。我们四月里去，它就开了，八月里走，它还没谢呢。

朱自清的学生李为扬，在回忆蒙自这段学习生活时，说到朱自清为他们毕业送行时的场面，非常感人，"大学生毕业，对古老的西南边陲的蒙自来说，可算是破天荒的大事。那天，我们背着行囊，和前来送行的师友谈笑着，分开看热闹的人流，踏上火车。汽笛长鸣，车轮蠕动了。朱自清先生留给我最后的深深的印象是，清癯的面庞，中等身材，精神抖擞，站在蒙自车站的月台上，向着我们毕业生乘坐的快离去的个旧锡矿小火车挥手，频频地挥手，不住地挥手，直到车行了很远，还隐约看见他那高举着的礼帽影儿在远空中摇荡"。（《和朱自清先生过从的回忆》）

寻找朱迈先

朱自清把家安顿在蒙自城内大井巷，下班回家又热闹了。看到采芷和两个幼小的孩子整天快快乐乐的，朱自清不免想念留在扬州老家的几个儿女，更为大儿子朱迈先担忧。

出生于1918年的迈先早已出落成一个大人了，比朱自清高了很多，也很懂事。一年前日寇占领北平时，朱自清看情势危急，就托南下的叶公超把迈先带到扬州老家。此后约一年，因为战乱，朱自清和迈先失去了联系。1938年6月21日，朱自清接到父亲来信，得知家中遭劫，被劫去了一百二十块钱，十分气恼。对于信中透露的家事，也很是担心，尤其担心失联的迈先。7月16日这天，朱自清在日记中说："迈先一友人自延安来。李一洲告诉采芷说迈先不在那里，他和他的友人均示未收到迈先的信。为此很为迈先的命运担忧。拟在汉口《大公报》上登一广告。"

其实，朱迈先在 1936 年的一二·九运动时，就秘密加入了中国共产党，当时他还是北平崇德中学的一名高中生，和孙道临是同学。朱迈先回到扬州后，就读于扬州中学，从事共产党地下工作，并积极投入抗日活动。

1937 年年底，扬州和沪宁沿线许多城市相继沦陷，成为敌占区。共产党员"陈素、江上青等人与上海市文化界救亡协会取得联系，在郭沫若、夏衍等人的支持下，成立了江都县文化界救亡协会流动宣传团，简称'江文团'，朱迈先积极参加'江文团'，进行抗日革命宣传活动。宣传团带着很多宣传用具，还有大量进步书刊，以及各人的行李，全靠人挑车拉，十分辛苦。王石诚曾在回忆文章中说：'当时朱迈先、莫朴、李公然等人出力最大。''江文团'沿途演剧、唱歌、演讲、写标语、画漫画、办壁报，受到群众的热烈欢迎。他们赶排了《我们的故乡》《放下你的鞭子》等戏剧。陈素、江上青、朱迈先都当过主演。不少有志青年中途加入'江文团'，队伍由从扬州出发时的 18 人扩大到 30 多人，并于 1938 年年初抵达安徽六安。六安当时是第五战区安徽省的政治中心，安徽省抗敌动员委员会、桂系部队十一集团军和政治部都设在这里。陈素很快与中共长江局和安徽党组织接上了党的关系，建立起'江文团'中共地下党支部。当时中共党员只有陈素、江上青、朱迈先三人，陈素任党支部书记"。"江文团"在安徽短暂休整后，"又去河南固始、商城，湖北麻城、浠水等地进行抗日宣传活动，队伍逐渐扩大到40多人。当时'江文团'的人员都要求去延安抗大学习，董必武对他们说：'你们已有实际工作能力，不必再去延安学习了。目前广西部队需要政工人员，十一集团军三个师政治部都需要你们去工作。到这些师政治部去工作，可以发挥大作用，对抗战有益，希望你们服从分配，踊跃担负起抗日民族统一战线的光荣任务。'不久，八路军办事处就把'江文团'成员分配到国民党桂系部队三十一军三个师的政治部工作，'江文团'的集体革命活动也就结束了，陈素任一三一师政治部少校科长，朱迈先任中尉科员，江上青任一三八师上尉科员"（许凤仪《朱自清长子朱迈先被杀冤案昭雪始末》）。

大约是工作太忙，加上朱迈先也不知道朱自清不断随校迁移的相关情况，扬州又是沦陷区，朱迈先也就没有及时和家里联系。1938年7月19日，朱自清寄十块钱给汉口的一个朋友，请他在《大公报》上刊登寻找朱迈先的启事。

时间一晃就到了 10 月 19 日，朱自清突然接到一封信，拆开一看，是儿子迈先寄来的，欣喜万分。信中，迈先详细地向父亲述说了离家一年来的经历，并告诉朱自清，他目前在三十一军某部任政治训导员。朱自清这天的日记里有一句"甚快意"的话，可见心情之大好。朱迈先能给父亲写信并知道准确地址，一定是看到《大公报》上的启事了。

从此，朱自清心里的一块石头落了地。1938 年 10 月 31 日，朱自清结束了一天的讲课后，给迈先写了一封长信。可惜这封信没有保留下来。朱自清写给长子的信唯一保留下来的是写于 1948 年 5 月 21 日的。大约在此前两日，朱自清接到儿媳妇傅丽卿的信，还有孙子的照片，特别开心，在这天的信中，朱自清欣喜地写道："我等今春游颐和园，友人为在玉兰花下摄一影，放大后甚好。兹寄去一张。丽媳尚未相见，得此可识翁姑面目。九滋亦久不见，见之亦必高兴。父迩年胃病，颇瘦减，但精神尚佳也。"九滋就是朱迈先的小名，即《儿女》一文中的阿九。

关于朱迈先的相关情况，还有后序，现作为《附记》如下：

朱迈先一直在国民党部队里任职，不久和傅丽卿结婚。1948年8月，朱自清去世，朱迈先考虑到携妻带子千里迢迢去北京十分不便，加之经济又非常拮据，便独自一人赴北京奔丧。傅丽卿因为没有能与公公见上一面而终生遗憾。

朱迈先奔丧回到广西，经姑父介绍到国民党后勤总署组训司任秘书，便与妻子丽卿住到南京。1949年，后勤总署迁广州，继而又要迁重庆。丽卿不愿去重庆，后由老上级蒋雄介绍他至桂北第八专署任秘书。1949年底，朱迈先代表桂北国民党军政人员向中共领导的桂林市政府联系起义事宜获得批准，遂起义成功。桂北军区司令周祖晃和七千余官兵接受了和平改编。朱迈先遂被送往广西军政大学学习。学习结业后，朱迈先被安置在桂林松坡中学任教。

时隔不久，"镇反"运动开始，曾任国民党师长的蒋雄被捕，长期在蒋雄部下工作并受到蒋雄提携的朱迈先随之也被逮捕。朱迈先被捕后，没有工作的傅丽卿难以抚养两儿一女三个孩子。一次，傅丽卿去探监，朱迈先对她说，我和父亲一样，是爱国的，没有做过对不起党和人民的坏事，组织上会查清的，你放心。你现在没有工作，生活困难，先把孩子送给北京的母亲抚养。傅丽卿没有见过婆母，也不知婆母的生活情况，生怕婆母受累，便写了封信给婆母陈竹隐，陈述朱迈先和自己的困难处境。不久，便收到婆母从清华园寄来的30元以解燃眉之急。此后，每个月都能收到婆母寄来的钱，以维持一家四口人的最低生活费用。婆母确实是尽了最大力量的。因为她每月工资只有60元，身边也有两儿一女，同样是四口之家，穿衣吃饭不算，还要供孩子上学，生活也是极其艰苦的。傅丽卿每次收到婆母寄来的钱，总是热泪盈眶，万分激动。直到一年后傅丽卿在一家医院找到了工作，才叫婆母不要再寄钱来。

蒋雄是湖南新宁县人，他被押回老家审讯；因为朱迈先长期在蒋雄手下工作，也被押到新宁县受审。1951年底，蒋雄因是国民党高级将领被枪决，朱迈先也以"匪特"罪被湖南新宁县法院判处死刑，执行枪决，时年33岁。

1982 年，也就是朱迈先去世 30 多年后，傅丽卿带着子女和儿媳妇去北京拜见婆母，拜祭已故的公公。婆婆见到长媳和孙儿孙女孙媳非常高兴。她特地将在国内的亲属一起邀约北京，吃了一顿团圆饭。随后又一起到北京西郊朱自清的墓地进行了祭扫。也就是这次全家团聚中，傅丽卿将多年来为迈先申诉的情况告诉了大家。全家人一致认为：朱迈先从中学起便从事革命活动。他是听从中共长江局分配至广西部队从事政治工作的，又是他亲自出面与共产党联系，组织起义获得成功的，他一生没有进行过反革命活动，将他"镇压"是冤枉的，这宗冤案一定要继续申诉。傅丽卿回到广西后，又多次向当时判处朱迈先死刑的新宁县法院申诉，并提供了搜集的大量材料和人证物证，法院经过认真复查，终于在 1984 年作出结论：1951 年的判决书纯属错判，朱迈先属于起义人员，且起义后表现良好，撤销原判，恢复朱迈先名誉。

回到昆明

　　朱自清从蒙自回到昆明后，西南联合大学增设了师范学院。朱自清兼任师院国文系系主任。

　　回到昆明的第一件事，就是和沈从文、杨振声一起商量由教育部教育委员会委托编写的教科书。朱自清决定自己独立完成其中的一项。这便是后来成书的《经典常谈》。这是一部基础普及的书，从一开始，朱自清就确定了自己的写作思路，读者对象即中等教育程度的人和在校学生。

　　1938 年 9 月 23 日，朱自清正式开笔。但有趣的是，他没有从第一篇开始写，插手便写了第四篇，即《〈诗经〉第四》。10 月 3 日和 10 月 17 日，又分别写成了《三〈礼〉第五》《〈春秋〉三传第六》，在短短二十多天的时间里，就一口气写了三篇，可见朱自清对经典是很熟的。如前所述，这种文章属于普及、入门类读物，并不好写，写浅了，初习者不买账，写深了，又读不懂。正如叶圣陶在《读〈经典常谈〉》里说的："它是一些古书的'切实而浅明的白话文导言'。谁要知道某书是什么，它就告诉你个什么，看了这本书当然不就是读了古书，可是古书的来历，其中的大要，历来对于该书有什么问题，直到现在为止，对于该书已经研究到什么程度，都可以有个简明的概念。学生如果自己在一大堆参考书里去摸索，费力甚多，所得未必会这么简明。……但是这本书本来不是写给专家们看的，在需要读些古书的学生，这本书正适合他们的理解能力跟所需分量。尤其是'各篇的讨论，尽量采摘近人新说'（序文中语），近人新说当然不单为它'新'，而为它是最近研究的结果，可作定论；使学生在入门的当儿，便祛除了陋跟迂腐的弊病，是大可称美的一点。"叶圣陶的话是中肯的、切中事实的。朱自清也正是按照这个路子写下去的。到 1939 年 9 月 29 日写完《〈尚书〉第三》后，朱自清完成了全书十三章的写作计划。

昆明和蒙自不一样，从沦陷区来的文化人多，各种活动也多，朱自清在写作、开会、接待朋友之余，还要为新学期做准备，为朋友筹办的杂志出谋划策，出席各种聚会，他还担任了西南联大校歌校训委员会委员，担任了战区学生救济及寒苦学生贷金委员会委员，真是千头万绪。有些活动，其实他完全没必要参加，但他也都尽心尽责全情投入。比如1938年10月30日下午，朱自清出席联大校歌校训委员会会议，通过罗庸所作校歌歌词，歌词云："万里长征，辞却了五朝宫阙。暂驻足，衡山湘水，又成离别。绝徼移栽桢干质，九州遍洒黎元血。尽笳吹弦诵在山城，情弥切。千秋耻，终当雪，中兴业，须人杰。便一成三户，壮怀难折。多难殷忧新国运，动心忍性希前哲。待驱除仇寇复神京，还燕碣。"校歌歌词虽然是大事，但这种开会通过更多的只是形式。

朱自清就是在如此忙碌中，接待了远道而来的茅盾。

茅盾是文学研究会的发起人之一。朱自清也是文学研究会的老人了。1937年10月15日，朱自清在长沙时，还巧遇了送子女来长沙读书的茅盾。因当时时间紧迫，没及细谈。1938年春天，二人又被在武汉成立的中华全国文艺界抗敌协会同时选为理事。1938年12月28日，茅盾在去大西北途中，停留昆明数日，朱自清得以多次和茅盾晤面、欢谈。

朱自清和茅盾交谊很早，二十世纪二十年代初就多次和茅盾在上海见面、晤谈。朱自清也时时关注茅盾的创作。在1933年5月10日日记中，就有读茅盾小说《大泽乡》《豹子头林冲》《石碣》《右第二章》的记载，还认为《石碣》比较成功。又说："振铎以为茅盾的史事小说过于施蛰存；余谓若论手法，施之深入与细致远在茅公上也。"这都是朋友间的真情实感，并不因为和郑振铎是朋友就附和他，也并不因为和茅盾是朋友就"向人不向文"。读茅盾的作品多了，自然就有话要说了，于是，到了6月21日，朱自清写了篇《读〈春蚕〉》的书评。《春蚕》是茅盾在开明书店最新出版的一本短篇小说集。朱自清把文章写好后，即在《大公报·文学副刊》上刊登了出来。该文着重分析了作者笔下所写的"快给经济大轮子碾碎了的农村"的情状，对《林家铺子》《春蚕》《秋收》等小说给予了高度评价。这篇文章发表日期是7月3日。奇怪的是，7月31日，又刊登一篇《春蚕》，起首就说，"今此篇另有着眼之处，与前文无重复之义也"，而对前一篇文章中的一些观点做了修正，认为《春蚕》和《秋收》"殆为全书之冠"，而对《林家铺子》则又有了微词。另外，对茅盾的另一篇小说《右第二章》，做了评价，认为"亦为佳构"，"全篇以写沪战时一部分人激昂舍身之情形，读时最令人兴起"，同时，对作家的叙述视角和简洁的行文予以赞赏，称"此等处尤见作者技巧之高明"。8月12日，朱自清去看杨振声时，二人又谈了长篇小说《子夜》，杨振声认为《子夜》初读甚佳，日久乃觉其多非文学。此后，朱自清在《子夜》书评中，又一次阐述了自己的观点，认为茅盾"描写农村的本领，也不在描写都市之下"，《林家铺子》"写一个小镇上一家洋广货店的故事，层层剖剥，不漏一点儿，而又委曲人情，真可算得'严密的分析'。私意这是他最佳之作。还有《春蚕》《秋收》两短篇，也'分析'得细。我们现代的小说，正该如此取材，才有出路"。而茅盾在编选《中国新文学大系·小说一集》时，也收入了朱自清的小说《笑的历史》和《别》。

所以，这次茅盾来昆明，朱自清就在昆明饭店宴请了茅盾一家，又请了顾颉刚和吴晗作陪。茅盾在《从东南海滨到西北高原》一文中，轻描淡写地带了一笔："二十八日晚出席文协云南分会为我'洗尘'的晚宴，又见到了朱自清、沈从文等朋友。"接下来的几天，朱自清和茅盾又在一起聚过几次，29日晚上，是顾颉刚做东，请茅盾一家，朱自清、吴晗都是陪席者，席间，听茅盾谈国共合作及新疆盛世才联苏联共事。第二天晚上，又陪茅盾一家到文庙观看金马剧团演出的话剧《黑地狱》。31日，朱自清正在读书，午后，顾颉刚陪茅盾来了。大家分外高兴，相谈甚欢。茅盾后来回忆说："我就由顾颉刚陪着拜访了朱自清；佩弦兄又派人去请冰心、闻一多和吴晗，冰心不在家。这些教授先打听老朋友的消息，尤其关心原来在广州、武汉的一些朋友的行踪和安全。接着就谈起抗战文艺运动中的问题。我作了介绍，发现他们并非不了解情况，相反，他们很注意这些问题，只是自己没有参加进去，取了旁观的态度。我把话题转到外来文化人与本地文化界如何联络感情加强团结的问题。我说，抗战以来我走过不少地方，所到之处都发现这个问题。当地文化界的力量由于历史条件的限制，相对来说比较薄弱，他们欢迎外来的文化人帮助他们的工作，但是，往往合作之后却发生矛盾，甚至闹得很紧张。据我观察，两方面都有责任，但我总认为我们这些'外来户'应多担点责任。吴晗说，沈先生的意见很对，昆明也存在这个问题，我们就很少与当地的文化界联络，因此社会上也有些风言风语，不过，责任还在我们。朱自清说，我们这些人在书斋里呆惯了，不适应那种热闹场面，有的人就说我们摆教授架子，其实本地的刊物约我写文章，我就从不推托。我笑道，佩弦兄误会了，参加抗战文化活动并不是要我们去学'华威先生'，而是要有一个统一的组织，使大家的步调能一致。至于我们这些人的本事，也就是写写文章，对抗战中的各种现象和各种问题发表发表自己的看法。"

朱自清显然对茅盾的来访特别重视。1939年1月2日，朱自清主持召开的文协云南分会会议上，专门邀请茅盾参加，并请他发言。茅盾欣然同意，做了"从反面观点看问题"的演讲。茅盾在演讲中分析了抗战文学的数量和质量、文学大众化、读诗运动、活报剧等抗战文艺问题。演讲虽然很短，却能切中要害，数量固然不能少，质量更为重要。与会者对茅盾的演讲表示赞许。会后，朱自清余兴未减，又邀请了茅盾和梁思成、林徽因夫妇去咖啡馆小坐，继续畅谈。

这次和茅盾短暂的接触，给朱自清印象很深。茅盾虽然只比朱自清大两三岁，在新文学创作上的成就却很可观，特别是在小说创作上。而且茅盾一直坚持的"为人生"的写作，也让朱自清钦佩。

抗战胜利前夕，即1945年6月22日，茅盾创作二十五周年暨五十岁诞辰之际，朱自清信笔写出了一篇《始终如一的茅盾先生》。文中说："茅盾先生开始他的文学业绩的时候，就标举人生的文学与写实的文学。这二十五年来，文坛上经过多少变化、多少花样，但茅盾先生始终不移的坚持他的主张，不，信仰。他看准了这是现代中国文学的大路。他介绍，翻译，批评，直到创作，一步步实现他所信的，他的生活也一致的向着这信仰。这样将文学的各方面打成一片，尤其将文学和生活打成一片，是难得的。他的影响是整个的，深透的。"又谦逊地说，"茅盾先生并且要将自己和后进打成一片，他竭力奖掖后进的人。我就是受他奖掖的一个，至今亲切的感到他的影响。我的文学工作是受了他的鼓励而发展的。这二十五年中他一定帮助了许多人成就了他们自己，不过我们未必一一知道罢了。他指出的现代中国文学的大路，到了这时代，大家都已看得分明，都会跟着他走。他今年才五十岁，有的是领导的力量；他的影响正在加深和扩大"。这篇文章虽然不长，却体现了朱自清一贯的真诚和朴实。三天后，在威远街三十四号文艺沙龙出席茅盾创作二十五周年暨五十岁诞辰纪念会上，朱自清又写下这样的贺词："我佩服你能将批评与创作、文艺与人生打成一片的人。"

旅游和雅集

在西南联大的艰难岁月中，朋友之间也常有各种小型聚会。

旅行、雅玩、雅集本来就是朋友间联络感情的纽带，更何况在大西南的偏僻一隅呢。朱自清应酬多，要搞研究、做学问、写文章，还要教书以及处理行政事务，但他也知道适当地放松心情，更有益于工作和创作，所以，他虽然对经常赴宴表示"日日如此，如何是好"，却不拒绝各种雅集和外出旅行游玩的机会。

1939年1月21日、22日两天，朱自清应徐绍谷邀请，几家人一起去温泉玩。21日这天是星期六，朱自清本来是接受沈从文邀请去吃饭的，可能是温泉的吸引力更大吧，又是一家人同往，便"辞去从文请"，而和"绍谷夫妇、潘君夫妇共游温泉"，还在朋友家吃了丰盛的西餐。22 日这天他们准备大玩一把，还借了两支猎枪去练习射击，"但起床太晚，枪主已来，徐只好把枪交还"。根据朱自清日记分析，这次游玩，有点"乘兴而来，败兴而归"的意思，可能是"潘先生夫妇必须回去参加十二时半梅校长的午宴会，故我们只能作短途步行，既未登山也未涉水"。游而不尽兴，当然是"对此很不满意"了。

1939 年 3 月 5 日，朱自清率夫人陈竹隐、儿子朱乔森、二弟朱物华、三弟朱国华，以及同事、同乡兼好友余冠英去了黑龙潭和金殿参观游览。黑龙潭和金殿都是昆明著名的景点。黑龙潭在北郊龙泉山麓，四周山势险峻，奇峰挺拔，古树名木经多年养育，十分繁茂，有遮天蔽日之势。历代建筑的许多殿宇，依山傍势，层层叠叠，上上下下，曲曲拐拐，气势尤为逼人，可看可赏处很多。在山麓一隅，有一眼泉水涌出，汇为一潭。潭水碧绿清澈，深幽无底，黑洞洞的，神秘莫测，仿佛有神龙藏身，便称"黑龙潭"。有意思的是，在黑龙潭旁边，另有一潭，此潭和黑龙潭完全不一样，潭水浑浊不清，理应称"黑"。如此相挨，却一清一浑，且有水口相通，令人不解，让人颇多联想，也会生发出不同的感慨来。黑龙潭不大，面积约 600 平方米。朱自清一家和余冠英他们也被周围奇峰异景所吸引，流连其间，多有感叹。其后又一起参观了潭旁的起云阁。说起这起云阁，还有一番来历，是为纪念明末义士薛尔望而修建的。据《明史》记载，南明永历十五年（1661），永历皇帝在吴三桂率领的大清重兵的追击下，从昆明败退到缅甸。薛氏和许多明朝人一样为大明的灭亡而哀叹，留下"不能背城战，君臣同死社稷，故欲走蛮邦以苟活，重可羞耶""吾不惜以七尺躯为天下明大义"等语，率一家数口，投潭殉节。起云阁中曾有清康熙年间云南按察使许宏勋撰写的一副楹联：寒潭千载洁，玉骨一堆香。这副联，在朱自清等人游览时，不知在否。但朱自清和余冠英都是文史名家，一定会对薛氏的义节大加议论的。黑龙潭的景点很多，散布也不远，有道观庙宇，有亭台阁榭；山上清泉碧流，藏在一棵棵遮天蔽日的名树古木下，涓涓有声，叮咚作响，在如此交相辉映的美景下，朱自清一家和余冠英一定是大饱了眼福。游完黑龙潭，一个上午的时间也差不多了，下午又去了金殿游玩。金殿，俗名鹦鹉山，也有许多道观和古建筑，如雷神殿、老君殿、三丰殿、天门、棂星门等。朱自清、余冠英两位好友难得如此有闲，沉浸在这样的风光山水中。这次游览还有后续，即几年后的 1942 年 7 月 7 日，朱自清又偕闻一多、余冠英等再游黑龙潭。一处景点反复畅游，可见黑龙潭对朱自清的吸引力了。

1939年3月15日至18日，朱自清接连四天游兴不减，又和陈岱孙、郑桐荪、陈福田、李继侗、浦江清、杨业治、金岳霖等多名教授学者，乘火车南下游玩，于15日当晚到达路南县，住在路南县民众教育馆里，第二天即游览了石林。朱自清在当天的日记里说："石状蠹立奇特，高顶上筑有一亭，余等在此野餐。石上有名人刻镂之称誉景色字迹甚多，但皆为去岁所刻者，可知此地最近始为人所注意也。"17日去看大叠水，日记云："此处景色甚美。先至小叠水，瀑布颇大，池水清深。继至大叠水，瀑布三倍于前者，惟路极崎岖，须匍匐下行。景色甚壮观。"朱自清一行在游玩中，也不误讲学，在尽情看了大小叠水后，晚上应邀在云南大学附中做了一场演讲，题目叫《语言文字训练问题》。这个题目是朱自清所擅长的，加上快乐旅行，讲得想来不坏。

查阅那一时间朱自清的日记和书信，朱自清外出游玩的记录不少，如1939年6月18日，和吴晗一起，到晋宁县旅游，游览了盘龙寺、玉皇阁、万松寺等景点；1939年10月10日游海源寺；1939年12月17日，邀请吴达元夫妇、余冠英、霍士休等十一人游览了妙高寺，还搞了个野餐会，在旷野中小聚一回。

除了游览名胜、自然景观，朱自清还积极参与联大的各种雅集聚会，比如在1939年1月28日日记里，记载了与浦薛凤等人成立了桥牌俱乐部一事，"成员有十二，明之、化成、逖生、心恒、无忌、江清、以颂、鸣岐、范景武及我自己"。浦薛凤在《太虚空里一游尘——八年抗战生涯随笔》一文中也有记载："商量结果，由明之、佩弦商定社友如下……每星期六午后二时起，在各家轮流举行。非谓抗战流离之际，有此心绪，实在烦闷苦恼之中，应当寻求稍许情绪出路而已"。1939年3月4日又商定，每半月活动一次——可能是嫌聚会过于频繁了。朱自清日记中，常有打桥牌的记录，如1939年6月10日，"参加明之的桥会，菜甚好"。7月1日，"下午在家举行桥牌聚会，妻和女佣很忙，但菜甚至平常"。7月16日，"下午打桥牌"。7月23日，"下午到谷家参加桥会，饭菜甚好"。8月31日，在家招待客人，饭后，"张太太要打桥牌，玩两小时"。9月24日下午，"自海源寺进城。参加继侗的桥牌会。在南丰巷吃晚饭，继侗做东，饭菜甚佳"。10月11日，"王明之先生来访，与我们共进晚餐。饭后，我们饮福田从海防带来的可可，并打桥牌。他十时半告辞。岱孙想继续玩牌，故一直打到十二点半"，又说，"王谓吴先生等人的桥牌双打技法太复杂"。从日记中看，虽然打桥牌不是很频繁，但也一直没有间断，可见朱自清兴趣不小。

朱自清不仅喜欢打桥牌，对别的有趣事情也有兴趣，如1939年3月25日朱自清就加入白马俱乐部。4月1日那天，还兴致很高地参加白马俱乐部的会议并去马厩看马。参加白马俱乐部的初衷，大约和组织桥牌俱乐部一样吧，也是为"烦闷苦恼"之际"寻求稍许情绪出路而已"。朱自清在这一时期的日记里，常有骑马的记录，对自己马术一点点进步感到很开心。除了稍许"正规"的"俱乐部"，各种大大小小的聚会他也时常参加，如音乐会、演讲会等。1942年那次中秋雅聚，朱自清还有诗记之。1942年9月25日日记里记道："上午写诗四首。下午与梅、李同至倒石头散步。"这四首诗就是《中秋从月涵先生及岱孙、继侗至积翠园培源寄居，次今甫与月涵先生唱和韵》，云：

天南独客远抛家，容易秋风惜晚花。
佳节偶同湖上过，无边朗月伴清茶。

酒美肴甘即是家，古今上下舌翻花。

兴来那计愁千斛，痛饮卢仝七碗茶。

且住为佳莫问家，茫茫世事眼中花，
人生难得逢知好，树影为窗细品茶。

暂借园居暂作家，重阳节近忆黄花。
主人傥订登高约，布袜青鞋来吃茶。

中秋节上午，朱自清在学校做了《中国文学批评》的演讲。下午，他就和梅贻琦、陈岱孙、李继侗到郊区小住，又夜访周培源，并且在月下饮酒赏月，雅趣很足。这次中秋雅聚，是校长梅贻琦提议的，梅校长在当天的日记中说："三点余约同陈李朱三君自行开车至高峣小住，先到汤（飞凡）寓稍停，然后往龙王庙，汤君代驾车回，停于防疫处。晚饭与培源夫妇酒肴过节，惜月上即为云掩，未得玩赏耳。与继侗宿于积翠闳楼上之东间，岱孙、佩弦宿西间，中间则主人及三孩所居也。睡时四周静寂，惟湖边水波拍岸，助人入梦耳。"梅贻琦日记中虽对赏月记之不多，而且月亮刚出来就被云遮掩。中秋而无月光，当然不能令他满意了。但朱自清却认为，赏月只在形式，或在乎和谁赏月，有月光无月光，无关大要，只要心中有月，月色便无处不在。所以，在中秋第二日，才有诗四首记之。在如此乱离之际、艰难时节，教授们赏月赋诗，正如陈平原先生所说："一是思接千古，慰藉平生；二是修养在此，积习难改；三是友情支撑，互相宽慰。至于'文学业绩'云云，恐怕不是其主要考虑的因素。"（《岂止诗句记飘蓬——抗战中西南联大教授的旧体诗作》）

至于各种邀请宴、聚餐会和欢聚闲谈及听演讲，在这一时期的朱自清日记中更是常有记载。

观看《原野》写剧评

　　1939 年 7 月 22 日晚上，朱自清参加了欢迎曹禺的宴会。

　　曹禺到昆明，和他的话剧《原野》《黑字二十八》有关。《原野》在重庆演出成功后，闻一多、凤子和国立艺专校长吴铁翼联名致函，邀请他来昆明，亲自执导话剧《原野》。可能也是在这次宴会上，朱自清邀请了曹禺担任文协昆明分会主办的暑期文艺讲习班教员。同时担任教员的，还有朱自清和楚图南、冯素陶、施蛰存、顾颉刚等教授。朱自清在 8 月 1 日和 19 日都在讲习班授课，讲的是《药》和《复仇》等文章。在这段时间里，曹禺一直在紧张地排戏。抗战期间，一切都是快速度的，在短短二十来天时间里，不仅排了《原野》，还排了曹禺的抗战剧《黑字二十八》。

1939年8月19日晚上，《原野》在新滇大戏院隆重上演了。朱自清受邀观看了演出。

《原野》是曹禺倾注心血写成的一部带有实验、探索意味的大型话剧，其中有些情节还吸收了美国著名戏剧家奥尼尔《琼斯皇》里的表现主义手法，给该戏增添不少神秘色彩。

《原野》分为序幕和一、二、三幕，情节较为简单，是一个传统意义上的"复仇"故事，讲的是，一个叫仇虎的年轻农民，蒙冤入狱，为了复仇，费尽周折从狱中逃出来，回到家乡，准备杀死害了他全家的地主焦阎王。让他没想到的是，焦阎王在他出狱前就死了。至此，剧情急转直下，仇虎和焦阎王的儿媳妇花金子偷情。到了第二幕，依"父债子还"的观念，杀死了焦阎王的儿子焦大星。但焦大星生性善良，甚至懦弱无能。仇虎因此产生心理谴责。杀人要偿命的，仇虎只能逃亡。在逃亡途中，穿过一片黑林子时，眼前出现幻觉，最后自杀了。从实验角度来讲，剧情气氛神秘、诡异而恐怖，具有相当的艺术感染力。而主角仇虎也是一个充满原始气息的野蛮人。

朱自清艺术欣赏水准相当高，有自己的判断标准，他在观看结束后，认为《原野》是一出好戏，但也有不足之处。在剧平《〈原野〉与〈黑字二十八〉的演出》（写于9月3日，发表于9月10日出版的《今日评论》第2卷第12期）中，朱自清首先肯定了这次演出的成功，认为"曹禺先生的戏，出演的成绩大家都知道的。再说这回是他自己导演，也给观众很大的盼望"。但朱自清也认为，剧中的仇虎，"热情里藏着一双冷眼，这双冷眼是现代文明的表现"，又说，"中国象仇虎这样的身份的囚犯"，"怕还不能有这一双冷眼"。朱自清的批评是有道理的，也是中肯的，因为曹禺在戏剧里塑造的人物形象，或多或少带有他对西洋戏剧的感悟，带有个人理想色彩，《原野》里的花金子是这样，《雷雨》中的繁漪又何尝不是这样呢。但无论如何，《原野》的演出相当成功。也是在这篇戏评里，朱自清还为《原野》和《黑字二十八》做了回"广告"，"两个戏先后在新滇大戏院演出，每晚满座，看这两个戏差不多成为昆明社会的时尚，不去看好像短什么似的"。确实如朱自清所说，当时的昆明天天下大雨，《原野》连演九天后，又换演《黑字二十八》，连演五天。五天后，《原野》又演九天，可见当时的盛况了。

　　《原野》让朱自清推崇，可能还有一个原因，就是戏的舞美设计由他的好友闻一多担任。闻一多对如此重要的设计，动了不少脑子，先是在家里找来几个油桶、木箱、硬纸壳，摆来摆去，还征求夫人和孩子的意见，最后才绘出平面图，与曹禺、凤子、孙毓棠等一起研究，制定模型，再听取朋友的意见，真是费了很多心血。比如在仇虎逃跑一幕中，闻一多建议用许多黑色长条木板，错落有致地排列起来，演出时，让工作人员提着一盏红色小灯笼，在"森林"里穿来穿去，如此效果，在台下观看，有一种幽暗、深远、神秘和恐怖的感觉。从观众反应看，闻一多的舞美设计是成功的。不过朱自清也对《原野》做了善意的批评："在我自己看，看到第二幕开幕时，觉得已经移入戏的氛围里，好像不在戏园子里似的。这种移情作用很有味。但是第三幕开幕以后，我却觉得渐渐失去了那氛围，又回到戏园子池座来。我们即使不能说第三幕的头三场都是多余，但至少可以说太多了一些。太多了，紧张的反而显得太松懈了！"朱自清还建议说："我也想过，若是能有旋转的舞台，这三场的效果也许会好些。但是，有那么多的话，却没多少戏，即使有旋转的舞台，怕也乖张不了多少。"（《〈原野〉与〈黑字二十八〉的演出》）

看过了《原野》，朱自清又于 1939 年 8 月 26 日在和沈从文、杨振声一起商定教科书第一、二册目录后，于晚上和沈从文一起去看了《黑字二十八》。

《黑字二十八》是曹禺在 1938 年和宋之合写的四幕话剧，题材比较直接，是一部配合戏剧服务于抗战的现实题材的戏。朱自清对这部戏的评价是"另出手眼的"。又说，"《原野》里的哲学，不论表现了多少，它可是悲剧，觉得沉重些。《黑字二十八》所暗示的是大家都会接受的抗战的信仰"。不过，朱自清也对这部戏提出了善意的批评："这个戏注重故事的场面，不注重人物的性格；戏里似乎没有个性，只有类型。"

朱自清和曹禺的《原野》这层关联，还一直延续着，到了 1948 年 4 月 24 日、25 日两天，清华剧艺社在清华大礼堂公开演出《原野》时，"演出介绍"居然出自大名鼎鼎的朱自清之手，他再一次中肯而高度地评价了《原野》："闻一多先生设计《原野》的时候（在战时的昆明联大），将那些神怪的部分，酌量删掉了许多。但是曹禺先生总要求保留些（当时《原野》是曹禺亲自导演的），闻先生终于做到适可而止。作为观众之一的我，已经感到了恐怖的气氛，运命的悲剧。这是一种诗的氛围，诗的力量，这种力量，表现在崔大妈身上最多，其次是在仇虎的身上。自然，这种表现是配合着闻一多先生的恰如其分的设计的……"

朱自清在西南联大

关怀沈从文

1939 年 6 月 6 日这天，朱自清出席联大教师节聚餐会。朱自清平时是能喝些酒的，学校聚餐会上可能没有酒，即使有，也不像朋友间的聚会，可以痛饮。所以朱自清还很有兴致地参加了餐会后举行的游艺会。

朱自清性格较为内敛，做事有条理，讲规章，就算聚餐会和游艺会这样热闹的活动，也没能耽误既定的工作——他在这天完成了一篇历时两日的论文《论"以文为诗"》。完成了手里的工作，朱自清心情自然不坏。在聚餐会上，他遇到了好友杨振声，几句随意的交谈之后，杨振声做了一件有可能影响了此后中国文学发展的大事——向朱自清推荐他的另一好友沈从文，意欲把沈从文安插进清华大学教书。朱自清在当天的日记中写道：

"今甫提议聘请沈从文为师院教师，甚困难。"这句话有两个关键点，一是"今甫提议"，二是"甚困难"。

先说"今甫提议"。今甫就是杨振声，和朱自清曾是清华大学的老同事。杨振声还担任过清华大学教务长、文学院院长兼国文系主任，也是朱自清的直接领导。早在1930年6月，杨振声因要赴青岛筹备青岛大学并任校长，辞去了在清华的一切职务。这年的6月2日晚上，朱自清专门设宴，为杨振声饯行，还请了吴宓等好友作陪。可见朱杨关系非同一般。杨振声在青岛大学任职期间，曾到上海去延揽教员。已经在文学创作上树立独特风格的沈从文和杨振声早已经相熟，杨振声也找到了在中国公学任教的沈从文，希望他离开中国公学，到青岛大学任教。当时沈从文热烈追求苏州大户张家三小姐张兆和，追求未果，正处在半失恋中，也想换换环境，便答应了杨振声。1930年6月29日，沈从文到中国公学校长胡适家，说明自己的想法。胡适不同意沈从文离开，也知道他追求张兆和没有得到回应而深深苦恼，劝沈从文留下，并表示，如果张兆和是因为家庭原因拒绝的话，愿意帮助沈从文。沈从文教完暑期课程后，还是写信给胡适，表示已经拿了青岛大学的路费，不好意思违约。但后来沈从文并没有去青岛大学（尚在筹备中，开学较晚），而是经胡适与徐志摩介绍，到武汉大学去教书了，直到1931年8月才到青岛大学任讲师，开设的课程有中国小说史和高级作文课程。一年后的1932年9月，青岛大学改名为山东大学，杨振声不愿意与官僚应酬，到北平主持一项编纂中小学教科书的工作。沈从文也于1933年7月辞去青岛大学教职，追随杨振声到北平协助其编纂工作。这是一项长期工作，一干就是数年。北平沦陷后，杨振声也按教育部通知，率编纂人员随梅贻琦等一同南下，在武汉和长沙继续编纂教科书，后转向昆明。沈从文也在转移人员之列。到了1939年3月，编写教科书工作逐渐进入尾声，沈从文等编写的国文教科书书稿上交教育部。而这时候，教育部已安排梁实秋等人另编适合抗战需要的教材。这时候的沈从文，就面临着再就业的问题。沈从文是杨振声的老部属，此时扬振声当然要为沈从文的生计着想了。

1939年4月9日，沈从文和杨振声一起宴请朱自清，还邀吴有训夫妇作陪。大约就在这时候，杨振声已经有意要把沈从文介绍到清华大学了。而沈从文知道自己的小学学历一直不受大学待见，早就有多种打算，5月15日在给沈云麓的信中说："工作年底即告结束，将来必不继续。预计可作数种生活法，或编报，或教书，或上前方到任何一军去看看，或回乡下住下来，写点文章。"沈从文这里所说的乡下，是指滇池边上的呈贡县龙街，租住的房子是当地姓杨的大盐商家前楼的两间正房。沈从文很喜欢这里，从房中窗户望出去，美丽的滇池和西山风光尽收眼底。沈从文闲暇时喜欢躺在草地上看浮云变化，思索人生，《云南看云集》里的许多哲理散文，就是这一时期的写作成果。沈从文的"数种生活法"之一便是写文章。

再说"甚困难"。杨振声给部属沈从文介绍工作，而沈从文和朱自清也是朋友，朱自清还是清华中文系主任兼联大师大中文系主任，为什么"甚困难"呢？大约有两层因素。一是沈从文的小说家身份。在社会上，沈从文的名气已经够响亮的了，青年知识分子都喜欢他，他的书也一本接一本地出版，还兼做报社的文艺编辑，和著名文人、学者胡适、徐志摩、陈西滢等也交谊很深，但在大学里却不被待见。就说他在武汉大学期间吧，也数次隐约地表示对地位的不满，比如1930年10月2日，在致沈云麓的信中说，"我的文章是谁也打不倒的，在任何情形下，一定还可以望它价值提起来"，"将来是可以希望一本书拿五千版税的"。还有一件事也很能说明问题，胡适和陈西滢等著名学者都鼓励沈从文多读书。据说陈西滢还劝他学英语，并跟他说，学好了，保证介绍他去英国读书。这些话，听起来是关心，实质上还是说他学问根基不深。二是朱自清虽然是中文系主任，但上面还有一个文学院院长，聘任教师这等大事，恐怕也不是朱自清做得了主的。但是，朱自清又非常想帮这个忙。朱自清早就知道沈从文的文名，二人相识相交较晚，大约是在1930年。沈从文在《不毁灭的背影》里说，"我认识佩弦先生本人时间较晚，还是民十九（1930）以后事"。朱自清在日记里第一次提到沈从文，是在1933年1月1日，日记中说："赴今甫招，座有沈从文君，又有梁思成君夫妇。"这次应招，应该只是朋友间的闲谈，众所周知，杨振声十分欣赏朱自清，朱自清逝世后，杨振声在《为追悼朱自清先生讲到中国文学系》一文中说朱自清是朋辈的"益友"，是青年的"导师"，是"领导中国文学系所走的一个新方向"的"一座辉煌的灯塔"。所以，杨振声受命编纂教科书后，也拉朱自清参与。这样，朱自清和沈从文见面和交往的机会就多起来了。朱自清在1934年12月14日日记中写道："沈从文先生来访，给我看杨的信。信中说当局已同意我协助编辑中学语文课本。……他说他曾与冯友兰磋商，根据冯的意见，他们只能每月付我一百元，每周工作半天，张子高已有先例。我告诉沈我将于下周进城与冯商谈。"这里的当局，指学校，冯友兰是当时的清华大学文学院院长，所以杨振声才要和冯磋商。到了西南联大之后，特别是和沈从文成为同事之后，朱自清、沈从文之间的关系更为融洽。朱自清的日记中，有数次和沈从文交往的记录，如1939年12月21日日记："访沈从文先生并与他一同阅一年级试卷。……在沈宅晚餐。"1940年1月25日日记："访沈从文先生，找到了三名学生的卷子，交给他五十份试卷。沈夫人做酒酿鸡蛋，我感到很新鲜，味道也好。"另据吴世勇先生编纂的《沈从文年谱》载，1946年2月4日，朱自清到沈从文家拜年，并在沈家吃了午饭。从这些交往中，可以看出朱自清和沈从文有着深厚的友情。所以，这次对于沈从文的工作，虽然深感"甚困难"，这个忙，他还是要帮的。

1939年6月6日以后，朱自清为沈从文的工作费了不少心思。7日，朱自清把前一天写就的论文《论"以文为诗"》交给沈从文，让沈从文编辑发表。12日早上，朱自清去找罗常培，商量聘请沈从文到清华大学任教一事。在这天的日记中，朱自清说："访莘田，商谈以从文为助教。"这"助教"与杨振声托找的"教师"，有较大出入。"教师"是个泛称，可以指讲师，也可以指副教授或教授。而"助教"就是特指。也就是说，朱自清是把杨振声的"提议"打了折去找罗常培的。这可能也是朱自清为保险起见。朱自清做事一向讲规矩，当年为俞平伯加薪事，他也颇费思量。这次当然也不例外了。商量的结果是准备聘沈从文为师大讲师。"讲师"比助教要高一截，但依然不是副教授，怕和沈从文的预期有距离。1939年6月16日朱自清专程拜访沈从文，告诉沈的这一结果。朱自清在当天的日记中写道："从文同意任联大师院讲师之职务。"虽然没有多余的话，但从字里行间，能感受到，朱自清心里的一块石头终于放下来，"讲师之职务"沈从文同意了，而且没有抱怨。然而，事情到了6月27日，出现了大的反转，国立西南联合大学常务委员会第111次会议通过决议："聘沈从文先生为本校师范学院国文系副教授，月薪贰佰捌拾元，自下学期起聘。"（《国立西南联合大学史料》，1998年云南教育出版社出版），从月薪上看，这个待遇不低，因为同为副教授的唐兰，工资是二百四十元，就是身为教授的王力，工资也不过三百二十元。所以，沈从文在副教授当中，工资算高的了。那么，在短短十来天时间后，出现这次反转，是杨振声、朱自清、罗常培等人又做了校方的工作，还是文学院院长冯友兰也觉得讲师不妥，沈从文毕竟在青年学生中颇有号召力，在提交应聘名单时临时改动，这就不得而知了。有不少史料认为沈从文一开始就是出任西南联大副教授的。严格地讲，此话没错，因为要以聘书为准。但先前的小插曲，却也有些特别的意味。

在西南联大的那段艰难岁月中，朱自清和沈从文的关系一直相当不错，吴世勇先生编纂的《沈从文年谱》中，有多次朱自清到沈家拜访的记载。

朱自清不但为沈从文的工作费了心思，他还为沈从文抱过一次不平。此事要从另一位大师钱锺书的一篇小说《猫》说起。沈从文和钱锺书交往不多，钱锺书在西南联合大学的时间不长，从1938年10月下旬到外文系执教，到1939年暑期离开，不到一年时间。钱锺书在昆明时和沈从文如何交往，不见记载。更年轻的钱锺书肯定知道沈从文的大名，同在一所学校，就算见过面，大约也印象一般。钱锺书在上海孤岛的那段时间里，无事可做，以写小说打发时光，短篇小说《猫》就是在那一时期问世的。《猫》影射不少文艺圈里的名流，在1946年发表后，就引起文艺圈的小小议论。朱自清自然也看到了这篇小说，他在1946年5月6日的日记中写道："读钱锺书的《猫》一文，就现时而论，此文过于玩世不恭。"朱自清一眼看穿了《猫》的"玩世不恭"，主要一点，就是小说里有一个人物，身份是作家，名叫曹世昌。从曹世昌的相貌和言行来看，基本上就是沈从文的特写：

举动斯文的曹世昌，讲话细声细气，柔软悦耳，隔壁听来，颇足使人误会心醉。但是当了面听一个男人那样软软绵绵地讲话，好多人不耐烦，恨不得把他象无线电收音机似的拨一下，放大他的声音。这位温文的书生爱在作品里给读者以野蛮的印象，仿佛自己兼有原人的真率和超人的凶猛。他过去的生活笼罩着神秘气氛。假使他说的是老实话，那末他什么事都干过。他在本乡落草做过土匪，后来又吃粮当兵，到上海做流氓小兄弟，也曾登台唱戏，在大饭店里充侍者，还有其他富于浪漫性的流浪经验，讲来都能使只在家庭和学校里生活的青年摇头伸大拇指说："真想不到！""真没的说！"他写自己干这些营生好象比真去干它们有利，所以不再改行了。论理有那么多奇趣横生的回忆，他该写本自传，一股脑儿收进去。可是他只东鳞西爪，写了些带自传性的小说；也许因为真写起自传来，三十多岁的生命里，安插不下他形形色色的经历，也许因为自传写成之后，一了百了，不便随时对往事作新补充。他现在名满文坛，可是还忘不掉小时候没好好进过学校，老觉得那些"正途出身"的人瞧不起自己，随时随地提防人家损伤自己的尊严。蜜里调油的声音掩盖着剑拔弩张的态度。因为地位关系，他不得不和李家的有名客人往来，而他真喜欢结识的是青年学生，他的"小朋友们"。这时大家讲的话，他接谈不来，憋着一肚子的忌妒、愤怒、鄙薄，细心观察这些"绅士"们的丑态，有机会向小朋友们淋漓尽致地刻划。

沈从文是小说家，当然知道小说家那点小伎俩，巴不得有人对号入座呢。但沈从文是不会介意的，最多一笑而已。朱自清却有点耿耿于怀了。这也符合朱自清的性格。所以才在日记里记了一笔，也是出于对沈从文的同情吧。

多年以后，沈从文在朱自清逝世后写作的《不毁灭的背影》，深情地回忆和朱自清的交往，"佩弦先生的住处一面和温特教授小楼相对，另一面有两个窗口就在那么一种情形下，《毁灭》与《背影》作者，站在住处窗口边，没有散文没有诗，默默地过了六年。这种午睡刚醒或黄昏前后镶嵌到绿茵茵窗口边憔悴清瘦的影子，在同住七个老同事记忆中，一定终生不易消失"。又称朱自清是"君子"，说"佩弦先生人如其文，可爱可敬处即在凡事平易而近人情，拙诚中有妩媚，外随和而内耿介，这种人格或性格的混合，在做人方面比做文章还重要。经传中称的圣贤，应当是个什么样子，话很难说。但历史中所称许的纯粹的君子，佩弦先生为人实已十分相近"，又说，"其为人也，温美如玉，外润内贞"。沈从文描写的地方是昆明北门街七十一号唐家花园。这只是朱自清的单身宿舍之一，他每周二至周五住在这里，其他时间则住距昆明二十里的司家营十七号清华文科研究所里。

学生汪曾祺

　　朱自清在西南联大的学生很多，取得大成就的学生也很多，但汪曾祺这个学生却有些特别：一是汪曾祺和朱自清算得上同乡；二是汪曾祺在联大没拿到毕业文凭；三是汪曾祺在文学创作上取得的成就重大，横跨中国现、当代文学史，评论家称他为"被遮蔽的大师"（见王干《被遮蔽的大师》一文）。

　　汪曾祺的家乡是江苏高邮。高邮在历史上一直属于"扬州地"。汪曾祺在江阴高中还没有毕业，就成为流亡学生，后又在几所高中借读，于1939年夏，从上海乘船，经越南，历经艰难到达昆明。其时，西南联合大学和多所国立大学统一招生，报名日期为7月25日至30日。汪曾祺的第一志愿就是西南联合大学。他在投考的时候，沈从文已经被聘为联大师院副教授。汪曾祺在1988年写作的《自报家门》里说："不能说我在投考志愿书上填了西南联大中国文学系是冲着沈从文去的，我当时有点恍恍惚惚，缺乏任何强烈的志愿。但是'沈从文'是对我很有吸引力的，我在填表前是想到过。"汪曾祺读初中时，作文都是"甲上"，这是最高评分了。在读高中时，他就爱读小说，也是在《自报家门》里，说他在读高二时，随家人在一个小庵躲避战火。"只带了两本书，一本《沈从文小说选》，一本屠格涅夫的《猎人笔记》。说得夸张一点，可以说这两本书定了我的终身。这使我对文学形成比较稳定的兴趣，并且对我的风格产生深远的影响。我父亲看了沈从文的小说，说：'小说也是可以这样写的？'"也许就是这时候，汪曾祺立志写作，从后来他的"小说是不像小说"的风格看，早就是受了沈从文的影响，对沈从文推崇备至。所以，他在填报第一志愿时，想到沈从文，完全在情理当中，就像我在几年前，去清华大学寻访朱自清、俞平伯的踪迹，一进清华突然想到，哦，著名小说家格非是清华的教授。汪曾祺联想到沈从文而没有想到别的教授，比如也是新文学诗人、作家，资历比沈从文更老的朱自清，完全是个人性情决定的。这次考试，对汪曾祺来说，也有点惊心动魄，因为考试前他还在医院打针，是拔了针就去考场的。

那么，在汪曾祺入学考试前后的这段时间里，朱自清在忙什么呢？

1939 年夏天，朱自清担任了中华全国文艺界抗敌协会昆明分会举办的暑期文艺讲习班教员，给学员讲授写作课。

中华全国文艺界抗敌协会昆明分会的前身是云南文艺工作者座谈会。理事会成员有穆木天、朱自清、施蛰存、沈从文、冯素陶、楚图南、顾颉刚、彭慧、陆晶清、冯至、谢冰心、杨季生、刘惠之、张克诚、徐嘉瑞等。分会指定罗铁鹰、雷石榆负责诗歌组，马子华负责小说组。两组多次就文艺问题召集讨论会。1939 年 1 月 8 日改选理事，由于穆木天、朱自清、施蛰存、沈从文是文协总会理事，他们四人也成为分会的当然理事。1939 年 5 月 4 日，文协昆明分会正式成立，朱自清和杨振声等人负责分会工作。6 月 12 日下午，朱自清去找魏建功和罗庸，商量文协昆明分会暑期讲习班的事。6 月 14 日，又确定给暑期文艺讲习班授课的四名教员：朱自清、闻一多、罗庸和魏建功。7 月 22 日，朱自清给文协昆明分会写信，接受分会请他讲课的题目。

1939 年 7 月 25 日，暑期文艺讲习班开课，共招收文艺青年四十多人，开设文艺基本原理、现代文艺思潮、写作方法、民间文艺、抗战文艺工作等系列讲座。除了上面提到的朱自清、闻一多、魏建功、罗庸而外，还有楚图南、冯素陶、彭慧、施蛰存、曹禺、顾颉刚等主讲。朱自清主要负责作品讲读课。8月1日，朱自清讲鲁迅的《药》和《复仇》。8月17日、19日几天，朱自清都到讲习班授课。

就在暑期文艺讲习班开课之时，汪曾祺正在昆明，如果他知道有这个班，说不定也会成为四十名学员之一。

1939年8月21日那天，朱自清继续到讲习班授课，这次他出了八道题，请讲习班的同学们答，只有几人答出。朱自清认为这班学生"水平不高"。如果汪曾祺也在这个班，不知他的答题朱自清能否满意。朱自清到底是个负责任的老师，两天后，他把学生回答的问题归纳起来，进行认真的讲解。

再回到8月13日，入学考试的试卷摆在了阅卷老师的案头，朱自清等教授阅评本年度中文系入学考试试卷。结果如汪曾祺所愿，他各科成绩不错，被西南联大录取。公布结果时，汪曾祺排第四名。这算得上是朱自清和汪曾祺的第一次间接接触。

这时候，朱自清是清华中文系主任，兼联大师范学院国文系主任，1939年8月4日还当选为1939年度教授会书记，主持系政十分繁忙，还要给暑期文艺讲习班授课，多次和杨振声、沈从文商定教科书第一、二、三、四等册的目录，出席清华聘任委员会会议和评议会会议等各种大小会议，拜访、接待茅盾、曹禺等文化名人，如8月31日这天就接连拜访了王力夫妇和梁思成夫妇，又接待顾颉刚等人。此外，他个人还要写作、写信、备课、做研究，可谓日理万机。

1939年度第一学期开学是在10月2日、4日上午，汪曾祺在西南联大新校舍参加了始业式及精神总动员。

本学期，朱自清开设的课程是"国文读本"两种（其中一种与沈从文合开）、"国文作文"两门课。汪曾祺在《晚翠园曲会》里说："'大一国文'课的另一个特点是教课文和教作文的是两个人。教课文的是教授，教作文的是讲师、教员、助教。……我的作文课是陶重华先生教的。""大一国文"这本教材，对汪曾祺影响很大，而这本书的选编者，是由杨振声主持的"大一国文委员会"主导选编的，朱自清、罗常培等参与，收白话文学作品十三篇，有鲁迅的《狂人日记》《示众》，徐志摩的《我所知道的康桥》（节选），朱光潜的《文艺与道德》《无言之美》，林徽因的《窗子以外》，等等。多年以后，汪曾祺在《西南联大中文系》一文中回忆说："语体文部分，鲁迅的选的是《示众》。选一篇徐志摩的《我所知道的康桥》，是意料中事。选了丁西林的《一只马蜂》，就有点特别。更特别的是选了林徽因的《窗子以外》。"汪曾祺对选了林徽因的文章感觉"更特别"，可能是因为当时林在新文学界并无影响，此文也并不出众吧。

1939 年 11 月 14 日，西南联大第 126 次常委会决议，同意朱自清辞去联大文学院中文系主任及联大师院国文系主任职务，两职务均由罗常培暂代。

朱自清在汪曾祺读大二那年，休了一年带薪研究的长假。汪曾祺整整一学年没有听朱自清的课。这个时候，汪曾祺开始写文章，小说、散文、诗歌都写，沈从文会把他的文章推荐到一些报刊发表。汪曾祺自己也会投稿，还参加了学校的文学社团"冬青社"，是"冬青社"的活跃分子，更是常和同学一起讨论文学创作，会在泡茶馆的时候，读书写文章。汪曾祺在《泡茶馆》一文中说："我最初的几篇小说，即是在这家茶馆里写的。茶馆离翠湖很近，从翠湖吹来的风里，时时带有水浮莲的气味。"巫宁坤在《西南联大的茶馆文化——纪念西南联大建校七十周年》一文中也说到他和汪曾祺、赵全章一边泡茶馆一边读书写作的事："曾祺读中文系，我和全章读外文系。碰巧三人又同住一幢宿舍，又都爱好文艺，朝夕过从。每天课后，我们仨就各自带上两三本书、钢笔、稿纸，一起去泡茶馆。我们一边喝茶，一边吃'花生西施'的五香花生米，一边看书，多半是课外读物，或写点儿什么东西。茶馆就是我们的书斋。谁写好一篇东西，就拿出来互相切磋。曾祺第一篇小说的文采就让我俩叹服。……我们最初的习作都是在这家茶馆里泡出来的，投给《中央日报》文艺副刊，居然一篇小诗小文都陆续登出来了。"汪曾祺在文学上的天赋，得到了老师沈从文的赞许，沈从文在致施蛰存的信中说："新作家联大方面出了不少，很有几个好的。有个汪曾祺，将来必大有成就。"

汪曾祺大三这年，朱自清一年休假期满，回到联大，他的课有"散文研究"和"历代诗选（宋诗)"。汪曾祺修习了朱自清的"宋诗"课。在散文《新校舍》里，汪曾祺说："朱自清先生教课也认真。他教我们宋诗。他上课时带一沓卡片，一张一张地讲。要交读书笔记，还要月考、期考。我老是缺课，因此朱先生对我印象不佳。"在《忆西南联大中文系》里也说了类似的话："比较严一点的是朱自清的'宋诗'。他一首一首地讲，要求学生记笔记，背，还要定期考试，小考，大考。"

朱自清讲宋诗，这是他在联大的"拿手课"之一，用的讲义是他自己精心编写的《宋诗钞略》，铅印本，白文，无标点，无注释。那么，朱自清讲宋诗讲得怎么样呢？他的学生季镇淮在《纪念佩弦逝世三十周年》里有描写，他说，有一次，朱自清讲课，他先在黑板上写下两首七律，一首是刘长卿的《送李录事兄归襄邓》："十年多难与君同，几处移家逐转蓬。白首相逢征战后，青春已过乱离中。行人杳杳看西月，归马萧萧向北风。汉水楚云千万里，天涯此别恨无穷。"另一首是苏轼的《和子由渑池怀旧》："人生到处知何似？应似飞鸿踏雪泥。泥上偶然留指爪，鸿飞那复计东西。老僧已死成新塔，坏壁无由见旧题。往日崎岖还记否，路长人困蹇驴嘶。"对这两首诗的讲解，朱自清开始没有写下题目和作者，而问学生看了这两首诗有什么样的感觉：哪一首习见，熟一些；哪一首不习见，生一些。当时，季镇淮说"头一首熟一些"，朱自清称"是"。接着才开始讲唐宋诗的区别。朱自清说："这两首诗内容相同，都是讲离别的。但意味不同；前者就是抒发感情，后者则讲出了一些道理。唐诗主抒情，宋诗主说理；唐诗以《诗风》为正宗，宋诗则以文为诗，即所谓'散文化'。"应该说，朱自清这种讲课风格是十分严谨的，便于学生理解和运用。季镇淮和汪曾祺一样，也讲到了朱自清上课的严格，"先生逐句讲解，根究用词、用事的来历，并随时指点在风格上宋诗与唐诗的不同。也常令学生先讲解，而后先生再讲。因此，在上课之前，学生莫敢不自行预习准备。上课的时候，大家就紧张起来，怕被先生叫起来先讲。定期进行考试，则注重默写和解释词句"。朱自清的另一个学生吾言，也曾回忆说：朱先生"匆匆走到教案旁，对我们点了点头，又点过名，便马上分条析理地就鲁迅及《示众》本文的思想内容和形式技巧各方面提出问题，逐一叫我们表示意见，而先生自己则加以补充，发挥。才一开始，我的心在卟卟乱跳，唯恐要在这许多陌生的同学前被叫起来，用还没有学好的国语艰难地道出我零乱的思想来。然而不多一会，我便忘掉了一切，顺着先生的指引，一步一步终于看见了作者的所见，感受到作者的所感受"。吾言还评价朱自清"不是敷衍着把课文匆匆读一遍了事"，或是"叙述作者生平的琐事逸闻，尤其是无关大体的所谓'好玩'的琐闻，然后说：课文你们自己读罢，我没什么好讲的"，或是"充其量也不过金圣叹式的评点，叫你全得不着要领"。朱自清认真的讲课形式，也引起个别同学的"不满"，说"大考，小考，练习，报告做个没完的，选过他的课都大叫吃不消。并且分数给得抠门得很"。然而自然也有像吾言这样好学的学生，在三四年级的选修课目里，吾言选修了朱自清的"文学批评"，没想到选这门课的一共只有三个人。"虽然只有三个人，先生还是每堂必在点名册上作记号"。（以上引自吾言《忆朱自清师》）

另有一例，也足见朱自清的认真。据朱自清的日记记载，1939 年 11 月 13 日晚上，他的学生周贤模来访，朱自清说："要求我证明同意二年级学生，以便让注册处发还文凭。答应他明天上午我值班时写一便条。他坚持要亲自把条子送到注册处去，我断然拒绝了他，并要求他设法端正自己的思想。他说：'那是我自己的事！'我说：'那好，你走吧，明天上午九点钟到办公室找我。'于是，他就发起火来，说：'我的朋友告诉我你过去是个穷学生，现在到了社会最上层，就像刘邦登上皇位后，不愿听到自己青年时代的清寒一样。你讨厌我，你知道刘邦是个市侩！'此时我警告他，他在污辱老师，我要写报告给最高校务委员会处罚他。但他说：'好，我也要给他们写！'这时他放肆地问我：'你知道我将转入三年级，为什么后来把我放入二年级？你们大学规定每个学生每年的学分是四十分。为什么你答应给我四十三分？'我说我不愿意回答他的问题并请他出去。但他悍然拒绝。

李其同让他保持办公室安静，就进行干预，他心犹不甘，最后离去，并说：'黑暗！黑暗！等着瞧吧！我要让你看看颜色。'我把整个事回想一下，感到问心无愧，除了有一次对他过于苛刻。应该对学生和蔼一些。"如果这位周贤模同学所说没错，朱自清确实严格得有些过了头，说好"转入三年级"，为何又"放入二年级"？别人修的学分都是四十分，为什么他是四十三分？当然，周同学把老师比作刘邦显然犯了大忌，引起了朱自清的恼怒。这件事情的结果是，朱自清果然写了报告给学生注册处和最高校务委员会，第二天，周贤模同学被勒令退学。又过五六天，朱自清接到周贤模的信。这封信让朱自清一夜失眠。到了这个月的月底，有人告诉朱自清，周贤模给校务委员会写了一封长信。朱自清在日记里说："上周以来，周贤模的事情一直不能忘怀。"

大学有大学的规矩，朱自清虽然"问心无愧"，但也承认对个别学生过于"苛刻"。

汪曾祺缺课多，也可能与朱自清教学的严格、刻板有关。汪曾祺随心、散漫，喜欢自由自在的生活，学习上也是这样。他喜欢写作，就爱听沈从文的课，也喜欢听文采飞扬的闻一多的课，对闻一多在课堂上的潇洒特别欣赏，在《闻一多先生上课》一文里说："闻先生打开笔记本，开讲：'痛饮酒，熟读《离骚》，乃可以为名士。'"汪曾祺印象特别深，还说"能够像闻先生那样讲唐诗的，并世无第二人"。汪曾祺还喜欢听罗庸的课，称他的课很"叫座"，"罗先生上课，不带片纸。不但杜诗能背写在黑板上，连仇注都背出来"。汪曾祺对闻一多、罗庸等老师讲课风格的欣赏，也是他的性情决定的。所以，听朱自清严谨、严肃而带有学术性并略显枯燥的课，自然感觉没劲了，何况还"大考，小考，练习，报告"不断呢。汪曾祺学得不好，或考得不好，朱自清对于这样的学生"印象不佳"也就不奇怪了。

汪曾祺本应于 1943 年 6 月毕业，但由于体育和大二英文成绩不合格，汪曾祺没能如期毕业。

汪曾祺成名后，写过很多怀念西南联大的旧人的文章，关于沈从文的就有《沈从文先生在西南联大》《沈从文和他的〈边城〉》《星斗其文，赤子其人》等好几篇，也写过《闻一多先生上课》，写过《金岳霖先生》，写过《唐立厂先生》(唐立厂就是唐兰)，却只在《新校舍》《忆西南联大中文系》等文章里稍带几笔朱自清。另外，在散文《人间幻境花果山》里，说了句"我曾听朱自清先生说过，淮安人是到了南阁楼就要修家书的"无关轻重的话。

不过，汪曾祺也写过一篇读书随笔《精辟的常谈——读朱自清〈论雅俗共赏〉》，可以称得上是一篇专论。这是一篇只有几百字的短文，汪曾祺从自己的角度，对朱自清的《论雅俗共赏》和《经典常谈》做了简明而精准的解读：

朱先生这篇文章的好处，一是通，二是常。

朱先生以为"雅俗共赏"这句成语，"从语气看来，似乎雅人多少得理会到甚至迁就着俗人的样子，这大概是在宋朝或者更后罢"。这说出了"雅俗共赏"实质，抓住了中国文学发展的一个关键。

朱先生首先找出"雅俗共赏"的社会原因，那就是从唐朝安史之乱之后，"门第迅速地垮了台，社会的等级不像先前那么固定了，'士'和'民'这两个等级的分界不像先前的严格和清楚了，彼此的分子在流通着，上下着，而上去的比下去的多"，上来的士人"多少保留着民间的生活方式和生活态度"，他们"要重新估定价值，至少也得调整那旧来的标准与尺度"。"雅俗共赏"似乎就是新提出的"尺度和标准"。这是非常精辟的、唯物主义的分析。

朱先生提出语录、笔记对"雅俗共赏"所起的作用。

朱先生对文体的由雅入俗作了简明的历史的回顾，从韩愈、欧阳修、苏东坡到黄山谷，是一脉相承的。黄山谷提出"以俗为雅"，可以说是纲领性的理论。

从诗到词，从词到曲，到杂剧、诸宫调，到平话、章回小说，到皮黄戏，文学一步比一步更加俗化了。我们还可以举出"打枣竿""桂枝儿"之类的俗曲。这是文学发展的必然趋势，任何人也奈何不得。

其后便有"通俗化"和"大众化"。

朱先生把好几百年的纷纭复杂的文学现象绐出了一个头绪，清清楚楚，一目了然，一通百通。朱先生把一部文学史真正读通了。

朱先生写过一本《经典常谈》。"常谈"是"老生常谈"的意思。这是朱先生客气，但也符合实际情况：深入浅出，把很大的问题，很深的道理，用不多的篇幅，浅近的话说出来。"常谈"，谈何容易！朱先生早年写抒情散文，笔致清秀，中年以后写谈人生、谈文学的散文，渐归简淡，朴素无华，显出阅历、学问都已成熟。用口语化的语言写学术文章，并世似无第二人。

《论雅俗共赏》是一篇标准的"学者散文"，一篇地地道道的 essay。

不知为什么，我总觉得这篇短文，是汪曾祺的"平衡"之作。按说，没有根据是不应该想当然的，不应该妄加猜测的，但我总觉得，在写过沈从文、闻一多、金岳霖、唐立厂等老师之后，不写朱自清说不过去，这才有这篇《精辟的常谈——读朱自清〈论雅俗共赏〉》的问世。

朱自清是西南联大的名教授，课程也不少，必修课、选修课都有，还有各种讲座，汪曾祺都听过，特别是朱自清到"冬青社"的几次演讲，汪曾祺都在现场，按说印象很深，甚至也有不少交流，连"淮安人是到了南阁楼就要修家书的"这种话都说了，家乡风物、人情世故等事一定不会少讲。可不知为什么，汪曾祺没有专门写一篇关于朱自清在西南联大的文章。很多年后，沈从文在给汪曾祺的一封长信里，说起当年未毕业事，提到"罗"没给汪曾祺发毕业证，应该是指罗常培吧。因为罗常培当年准备安排汪曾祺先在西南联大先教一年书，再补发毕业证书。汪曾祺答应了，可事后并没有安排汪曾祺在西南联大当老师，毕业证书也遥遥无期。

多年后，在北京西城一家小酒馆里，我和汪朗喝酒，说起老爷子在昆明联大的这段求学生活，汪朗透露了一个信息：老爷子生前跟他们兄妹几个聊天时说过，当时罗常培还有一个动议，就是推荐汪曾祺做朱自清的助教。朱自清没有答应，说他连我的课都不听，我怎么能让他当助教？此事在《我们的老头汪曾祺》中也有透露。但西南联大研究专家、西南民族大学教授李光荣先生在一次会议期间跟我说，其实汪先生记忆有误，是闻一多先生想让汪曾祺做清华大学助教的，不过朱先生的回答没有错。如此一来，汪曾祺只好一个人勾留在昆明，干各种临时工作，排戏，演戏，教书，饥一顿饱一顿，有时一连两三天挨饿，连睡觉都在一张长桌上将就，但终究没有等来文凭。

没拿到西南联大的毕业证书，对汪曾祺此后的生活有无影响，影响有多大，现在讨论也无意义。但可以肯定地说，朱自清对他这个同乡兼学生，没有像对他的另一个同乡兼学生余冠英那么优待。

休假在成都

　　1940年5月8日这天，朱自清给梅贻琦写信，请求在国内休假研究，并呈送了研究计划。朱自清在信中做了详细汇报："清自第一次休假后，迄今已满八年。兹拟请求于下年度在国内休假研究，谨将研究计划陈述如次。窃中国文学范围内，'散文（包括骈、散二体）之发展'一题目，现在尚无专门研究之人。坊间虽有《散文史》《骈文史》等书，类皆仓促成编，以抄撮故言为能事，不足语于著述。清年来对此题目甚有兴趣，拟从历史及体式两方面着手。关于历史方面，已作短论三篇，附陈台察。下半年若能休假，拟专研究上古（至汉初）时代散文之发展。并拟有分题两种：一、说'辞'（包括'知言'等项）。二、说'传''注''解''故'。此两分题，拟各成论文一篇。此外拟分类搜集材料，录为长篇，随时研究……"

也正是在这个时候，昆明的供给发生大困难，原因是日本压迫英国封锁了滇越路和滇缅路，切断了中国从海外输入战时物资的唯一通道，昆明物价飞涨，教授生活纷纷陷入赤贫。为了节省开支，也为了家人能过得更好一些，朱自清决定把陈竹隐和乔森、思俞安排回陈竹隐老家成都。陈竹隐回到成都后，租住在东门外宋公桥报恩寺后院三间没有地板的简陋小草房里。据说，为了筹措路费，朱自清卖了从英国带回来的一架留声机和一些高档的音乐唱片。这可是当年送给夫人的礼物啊！没办法，为了生活，也只有变卖家产这一招了。当时朱自清的日记中，经常有借款的记录，如 3 月 25 日，向吴宓借款 200 元等。

朱自清在休假得到批准后，于 7 月 18 日动身赴成都，8 月 4 日到达家中，此后接连两天，都和叶圣陶见了面。当时叶圣陶家住在乐山，于 7 月 21 日到成都，任教于教育科学馆，而开明书店办事处也在成都。老友相见，谈了很多，主要是关于国文教学方面的问题，朱自清还应允在国文教科书编写方面和叶圣陶合作。不久之后，四川教育厅厅长郭子杰又托人带话，欲聘朱自清任特约专员。朱自清在 8 月 10 日致梅贻琦的信中说了此事：以"帮助专员叶圣陶君计划推行国语教育事宜。此系顾问性质，并无办公时间，只偶尔开会。清以须请示校方，方可决定，尚未应诺"。从此后此事的进展看，校方是答应了的。因为朱自清参与了四川教育科学馆"国文教学丛刊"的编撰事宜。

此后，朱自清便在成都的家中读书、写作、编教科书。

因为朱自清是第一次到成都，要会见陈竹隐家不少亲戚，这是中国人的传统礼仪，是必不可少的，但也会花去朱自清不少的时间。另外，朱自清毕竟是著名教授兼作家，成都不少名流也慕名见他，比如成都市市长余中英、军中要员邓锡侯等。余中英曾请齐白石给他画一幅《万里归帆图》，大教授来了，何不请他写首题画诗呢？岂不更风雅？朱自清便作了《题白石山翁为墨志楼主作〈万里归帆图〉》二首，其二云："访罗书画日不足，刻划金石愿无违。一朝兴尽理归棹，江流浩淼片帆肥。"余氏出身行伍，曾任国民党二十四军八旅旅长，又进京从齐白石学篆刻，朱自清的诗里就包含这意思。邓锡侯曾任国民革命军第二十八军军长、第二十二集团军总司令，1944 年重阳节，他请朱自清吃饭，朱自清有诗二首记之，曰《重九邓晋康主任招饮康庄》，"晋康"是他的字，主任是他时任川康绥靖公署主任。其二云："意多嫌世短，况值百端兴。西陆龙蛇起，东夷狐鼠亲。同心愿久视，戮力靖嚣尘。国庆明朝又，举杯寿万春。"

有一个小插曲是，夫人临产，需要照顾，需要花钱，朱自清还托朋友李小缘代售美元支票，有没有售出不知道。11月14日，朱自清的四女朱蓉隽出生了。新生命的诞育，举家欢庆，但对朱自清来说，更增加了若干忙碌和窘迫。两天后的清晨，正在家务堆里忙碌的朱自清，忽听有人叩响了报恩寺小院的柴门。开门一看，惊喜交加，原来是叶圣陶！好朋友到来，自然要招待酒饭。叶圣陶在《西行日记》里写道："佩弦所赁屋简陋殊甚，系寺中草草修建以租于避难者也。其夫人产后尚未起床，儿女均在学校，佩弦管理家务似颇耐烦。杂谈无条理，而颇慰数年来阔别之怀。"酒饭过后，二位老友兴致很高地去了望江楼。叶圣陶说："余前两次来成皆未游览。其处布置竹树房屋，雅整朴素。……在楼上坐片时（刻），静寂之趣，足以欣赏。"

接下来的一个多月里，叶圣陶多次往还乐山和成都，每次来成都，必和朱自清见面。二人谈话涉及很广，但都和出版、文学、教科书有关，也有旧诗唱和，极为快乐。1941年2月4日，叶圣陶全家从乐山搬到成都，住在新西门外罗家碾王家岗。叶圣陶说"杜甫诗'舍南舍北皆春水，惟见群鸥日日来'，就是指这一带地方"。这天，朱自清横跨整个成都，从东门外到西门外，来到叶圣陶家。叶圣陶说："忽佩弦坐鸡公车至，云先至陕西街，闻余已迁，追踪而至者。盛情足感，而我家茶水无有，凳子亦稀少，无以款之，少谈数语即去。"（《西行日记》）不过两天后的早上，叶圣陶到朱自清家来了，这回二人谈了很久，主要是商定《略读指导举隅》的目录和各人所承担的篇目。这次见面，二人的日记里都有详细记录。朱自清说，圣陶这次来，带了二百元，实为预支的稿费，当即表示感谢。然后，二人又"彼亦以孩子入学事相托"。《略读指导举隅》和二人另外编写的《精读指导举隅》一样，都是普及读物。叶圣陶在《〈读书指导〉后记》中对这两部书的编辑和出版过程有详细的说明：1940年夏天开始，"我在四川教育科学馆担任专门委员。工作任务是推进中等学校的国文教学。实在没有多大把握，除了各县去走走，参观国文教学的实际情况，跟国文教师随便谈谈，就只想到编辑一套《国文教学丛刊》。丛刊的目录拟了八九种。其中两种是《精读指导举隅》跟《略读指导举隅》，预先没有征得佩弦的同意，就定下主意我跟佩弦两个人合作……他居然一口答应下来，在我真是没法描摹的高兴。于是商量体例，挑选文篇跟书籍，分别认定谁担任什么，接着是彼此动手，把稿子交换着看，提出修正的意见，修正过后再交换着看：乐山跟成都之间每隔三四天就得通一回信。一九四一年春天，我搬到成都住，可是他家在东门外，我家在西门外，相隔大概二十里地，会面不容易，还是靠通信的时候多。两本东西写毕，现在记不起确切时间了，好像是在那年暑假过后他回西南联大之后。写的分量几乎彼此各半，两篇'前言'都是我写的，两篇'例言'都是他写的"。

因为常年的写作，加上生活艰苦，朱自清身体一日不如一日，他在1941年3月8日日记中说："过去从来没有感到饿过，并常夸耀不知饥饿为何物。但是现在一到十二点腿也软了，手也颤了，眼睛发花，吃一点东西就行。这恐怕是吃两顿饭的原因。也是过多地使用储存的精力的缘故吧。"

在成都休假的一年里，朱自清写了很多文章，有散文、杂感，如《重庆一瞥》《论诚意》等；有古典诗词，成果最丰，曾把在成都所作的旧诗集题名为《锦城鸿爪》；有论文，如《剪裁一例》等；有语文杂论，如《论教本与写作》《撩天儿——语文影之一》《抗战的比喻》

等；整理了《诗话人系》，修改了《经典常谈》，可以说成果颇丰。他在 1941 年 8 月 28 日给梅贻琦的信中做了汇报：休假一年中，"写完关于诗之论著三篇……计《古诗十九首释》七节，约三万字……又为四川教育科学馆著《精读指导举隅》（已印行）及《略读指导举隅》（即付印）……"

其实，朱自清在成都休假一年最大的收获，应该是和叶圣陶劫后重逢，二人除合作著书之外，还相互唱和多首。

4 月 22 日，朱自清写了《近怀示圣陶》五古，该诗历数抗战以来，个人和家庭所遭受的种种磨难，流露出一种沉郁愤懑的情绪。诗云：

> 少小婴忧患，老成到肝腑。
> 欢娱非我分，顾影行踽踽。
> ……
> 累迁来锦城，萧然始环堵。
> 索米米如珠，敝衣余几缕。
> 老父沦陷中，残烛风前舞。
> 儿女七八辈，东西不相睹。
> 众口争嗷嗷，娇婴犹在乳。

百物价如狂，距蹶孰能主！

……

赣鄂频捷音，今年驱丑虏。

天不亡中国，微忱寄干橹。

区区抱经人，于世百无补。

死生等蝼蚁，草木同朽腐。

蝼蚁自贪生，亦知爱吾土。

鲋鱼卧涸辙，尚以沫相呴。

勿怪多苦言，喋喋忘其苦。

不如意八九，可语人三五。

惟子幸听我，骨鲠快一吐。

　　几天后，叶圣陶到朱宅探访，话题转到诗上来，朱自清以这首诗相赠。谈到浓处，索性携茶酒到附近的望江楼，啜著长谈，继之小饮，欢会难得，日暮始别。这天的日记，朱自清有这样的话："圣陶确有勇气面对这伟大的时代。但他与我不同，他有钱可以维持家用，而我除债务外一无所有。"是啊，朱自清命运偃蹇，途路多舛，又适逢战乱，从小就经历家败，一直以来，承受着扶老携幼的过重负担，内心该郁积多少忧愤和凄苦啊，遇到像叶圣陶这样的知己，满心的话才可倾吐。又过三天，叶圣陶还沉浸在那天的情绪中，作《采桑子——偕佩弦登望江楼》记其事："廿年几得共清游，尊酒江楼。尊酒江楼，淡日疏烟春似秋。天心人意逾难问，我欲言愁。我欲言愁，怀抱徒伤还是休。"叶圣陶在这天的日记中写道："上星期六与佩弦游望江楼，意有所怅感，今日作成《采桑子》小词，书寄之。"5月8日夜，他再于枕上成诗："天地不能以一瞬，水月与我共久长。变不变观徒隽语，身非身想宁典常？教宗堪慕信难起，夷夏有防义未忘。山河满眼碧空合，遥知此中皆战场。"这首《偶感》，可以说是《采桑子》的演进。10日到12日，朱自清费时两三日，又作《赠圣陶》诗一首，并写信给叶圣陶，约在公园茶叙。一时间，诗，成了他们精神世界和情感世界相互联络的纽带，也是他们在国难当头、艰苦岁月中砥砺操守和弘扬正气的论坛。朱自清的《赠圣陶》为古风，长三十六句，深情叙述了二十年来和叶圣陶的友谊，同时怒斥了日寇的猖狂。该诗从盛赞叶圣陶"谦而先""猖者行"的德行起句，回忆当年在西湖荡舟，于一师纵谈的友情。大约是受了《偶感》的感染，朱自清不再愁苦，而是发出了抗争之意，末尾数语尤为铿锵有力："浮云聚散理不常，珍重寸阴应料量。寻山旧愿便须偿，峨眉绝顶倾壶觞。"17日，朱自清赴少城公园鹤鸣茶社等叶圣陶，因空袭警报响起而未能相见。24日，再次赴少城公园。朱自清在当天的日记中说："在公园遇圣陶，但迟到半小时，他在公园门外的茶室等我，而我在门内。我们评论国内形势。他示我以答赠的诗，写得很好。"这首"答赠"的诗，就是叶圣陶23日下午所作《次韵答佩弦见赠之作》，并说"步韵总不免勉强，自视仅平平而已，不甚惬意也"。但叶圣陶的诗，还是情深意浓，令人难忘。有叙朋友欢聚的："君谓牢愁暂遍亡，我亦欢然解结肠。细雨檐花意气扬，酡颜不减少年狂。"有论时局和未来的："屯蒙当前殊穰穰，归欤莫得谁能详？未须白发悲高堂，唯期天下见一匡。"有谈抱负和期望的："攘夷大愿终当偿，无间地老与天荒。人生决非梦一场，耿耿此心永弗忘。"

6月21日朱自清、叶圣陶在少城公园会面，除了交换文稿之外，还少不了谈家常，话旧友，当然诗词还是他们的主要话题——朱自清把萧公权、吴徵铸、施蛰存三人的诗词给叶圣陶看，朱、叶少不了对三人的诗做了中肯的点评。这回闲谈更晚，"至五时半而别"。7月15日这天，朱自清赴叶圣陶家的宴会，在座的有贺昌群。叶圣陶在日记里说："昨夜雨，今晨不止，约昌群、佩弦二兄以今日，恐未必能来……十二时，二兄果来，大喜。

即相与饮酒。饭毕闲谈，亦无甚重要话，唯觉旧雨相对，情弥亲耳。"这才是真朋友啊，不一定有什么重要事情，哪怕见上一面，也是快意。但是朱自清8月30日那次在少城公园绿荫阁茶社约见叶圣陶，心情却有些异样。叶圣陶说："佩弦至，交换看文稿诗稿，闲谈近况，颇快活。五时，偕至邱佛子吃小酒。佩弦于下月二十日以后至重庆，在重庆候机至昆明。再一二面，即为别也矣。"话中不免流露出惆怅和不舍之情。

一年的休假就要结束了，好像转瞬间，朱自清又要回到西南联大教书了。在当时，"著书都为稻粱谋"对于朱自清来讲，已经是很奢侈的说法了——教书只不过是为了糊口。可悲的是，堂堂大学教授、著名作家，教来教去，著书立说，竟然难以养家，还欠了一屁股的债。看着别人都拖家带口，而他只能把家一分两半，一半在扬州，一半在成都，孤身漂泊。这种况味在朱自清的心中，该会是怎样一杯苦酒啊！9月20日这天，叶圣陶来探行期，"入门，佩弦方抄书，见余至，出乎意外。云动身当在月杪，又拟自水道至泸州，搭西南运输处车辆往昆明"。21日，叶圣陶作成二律《成都送佩弦之昆明》，为佩弦送行，诗云：

平生俦侣寡，感子性情真。
南北萍踪聚，东西锦水滨。
追寻逾密约，相对拟芳醇。
不谓秋风起，又来别恨新。

此日一为别，成都顿寂寥。
独寻洪度井，怅望宋公桥。
诗兴凭谁发？茗园复孰招？
共期抱贞粹，双鬓漫萧条。

10月4日，朱自清最后一次和叶圣陶在少城公园喝酒，酒后，两个人握手，郑重道别，朱自清眼含热泪地说，下次再见，恐怕要到抗战胜利以后了。8日，朱自清搭乘小船前往泸州，正式告别了成都。朱自清在船上念及叶圣陶的送别诗，也作诗二首，曰《别圣陶，次见韵赠》，诗云：

论交略行迹，语默见君真。
同作天涯客，长怀东海滨。
贪吟诗句拙，酣饮酒筒醇。
一载成都路，相偕意态新。

我是客中客，凭君慰沈寥。

情深河渎水，路隔短长桥。

小聚还轻别，清言难重招。

此心如老树，郁郁结枝条。

　　一年的休假结束了。这哪里是休假啊，分明是更繁重的工作啊！一年来，朱自清在给梅校长的报告中所列举的成绩，不过是他工作、研究的一部分成果，许多计划中的工作和没有完成的工作都没有在列，甚至，可以把他和叶圣陶的交往也看成是工作的一部分——他们之间的思想碰撞，特别是在教科书编辑方面的探讨和古典诗词方面的交流，难道不是实实在在的工作吗？

和诗浦薛凤

朱自清在成都休假期间，来往最多的是叶圣陶和萧公权，相互和诗也最多，和其他在成都的朋友也常有交往。他和浦薛凤就有一次和诗，值得一说。

1941年3月8日朱自清赋诗二首，《得逖生书作，次公权韵》二首，诗曰：

> 见说新从海上回，一时幽抱为君开。
> 彩衣逶迤归亲舍，絮语依微傍镜台。
> 岂肯声光闲里掷，不辞辛苦贼中来。
> 匹夫自有兴亡责，错节盘根况此才。

> 里巷惜惜昼掩扉，狂且满市共君违。

沐猴冠带心甘死，逐鹿刀锥色欲飞。

南朔纷纷丘貉聚，日星炳炳爝光微。

沉吟曩昔欢娱地，犹剩缁尘染敝衣。

　　逖生，就是浦薛凤，逖生是他的号，江苏常熟人，和朱自清曾是清华大学和西南联大的同事，研究西方近代政治思想史，著有《西洋近代政治思潮》等著作。

　　这次并非朱自清和浦薛凤第一次诗词唱和，1936年10月20日，朱自清在日记里说，"昨日赋诗一首：秋光未老且偷闲，裙屐招邀去看山。脚见愁峰顿清切，眼明红树忽斑斓。羲和欲乘六龙逝，夸父能追一线殿。此日诗成弄彩笔，异时绝顶更跻攀"。诗名曰：《逖生见示香山红叶之作，即步原韵奉和》。查朱自清日记，知道他们这次香山之行是在1936年10月17日下午，"我们游香山，欣赏绚烂的红叶，时间已是午后，我们一直在阴影中行走，日落前尽兴而返。是一次愉快的旅游"。和朱自清一起游览的浦薛凤回来即作诗一首，并请朱自清过目欣赏。朱自清于19日诗成。从这件事中，不难看出他们之间的情谊，而且浦薛凤诗成后，随即想到了朱自清。1939年年初，浦薛凤和另一位西南联大的年轻教师王化成前往重庆，朱自清还于这年的2月27日设宴为他们饯行。王化成是江苏镇江人，清华毕业，留学美国芝加哥大学获政治学博士学位，回国即在清华任教。他和朱自清也是朋友。1937年7月29日，朱自清接钱稻孙电话，得悉清华大学即将沦陷，情况危急之时，急访冯友兰，后又雇汽车返回清华大学察看形势，与朱自清同行的就有王化成。到了昆明，又同在西南联大，朱自清和浦、王二人还同是桥牌俱乐部成员，常在一起交流牌技。

从这首诗的标题看，该诗是在"得逖生书作"后的一首和诗。

浦薛凤弃文从政后，1940年年底，浦薛凤从重庆赶到上海，与从北平赶到上海的妻儿团聚，之后，又冒着极大的风险，回到沦陷区的常熟老家，拜谒父母。这次只身深入日伪统治区，倍感艰险，作了二首诗，第一首《回里拜双亲五日拜别》，诗云："只身万里冒艰危，欢拜双亲愁别离。名位区微甘唾掷，江山摇撼愿扶持。阖家骨肉平安庆，到处烽烟离乱悲。儿去媳归代侍养，天恩祖德两无疑。"第二首《沪滨与佩玉暨诸儿女聚而复别》，诗云："湘滇独处复飞川，异地相思缱绻怜。沪渎聚欢转喜悦，乾坤混沌待回旋。匡扶邦国愧才绌，待养翁姑感慧贤。卿去虞山吾返蜀，夕阳西落会团圆。"浦薛凤的二诗写得极其哀伤，虽有"欢拜双亲"之喜，"骨肉平安"

之庆，但毕竟只有五天的团聚，而且爱人和孩子留在老家，他只身反蜀，怎能不悲喜交集呢？

浦薛凤回到重庆后，把两首诗抄寄给在成都休假的好友朱自清。朱自清得诗后，深受感动，文思如泉涌，他在第二天的日记中写道："昨夜赋诗二首和萧君。今天为此不足道的成绩颇为兴奋。将这两诗写给浦与萧。"朱自清的"兴奋"，一是得朋友的诗，二是自己的赋诗。第一首诗，对于浦薛凤能够穿越沦陷区和家人团聚，颇为开心，"一时幽抱为君开"，想象着好友和父母、妻儿团聚时的情境，亲人间真有说不完的话。又感叹好友"不辞辛苦"从日寇统治下的沦陷区回来，为蒙难中的祖国尽其才华。第二首诗，是对沦陷区的凄惨景况进行了描写，不知"陌巷是谁家"，满街都是"狂且"之人，外表虽然看上去像模像样，却不过是"猕猴"之状，除了追逐些"刀锥"般的小利，还能有什么呢？日伪相互勾结，也不过是"丘貉"相聚，没什么了不起的。

在成都的日子里，朱自清"诗事"很多，有"应酬"，有创作，浦江清在《朱自清先生传略》里说："暇居一年，与萧公权等多唱酬之作，格律出入昌黎、圣俞、山谷间，时运新意，不失现代意味。"可以从朱自清的许多诗作中看出他深深的忧患意识，如《公权四十三岁初度，有诗见示。忝属同庚，余怀怅触，依韵奉酬》中说："堂堂岁月暗消磨，已分无闻并不波。八口累人前世拙，一时脱颖后生多。东西衣食驴推磨，朝夜丹铅鼠饮河。剩简零篇亦何补？且看茅屋学牵萝。"诗中流露出沉郁的心境。

朱自清《得逖生书作，次公权韵》这一首诗，用典特别多，而且自然贴切，这都得益于他从前在古诗上花费的一番苦功。

1941年4月28日，朱自清收到浦薛凤来信，并寄来诗稿。这封书信再次引发朱自清的感怀，思绪万千，成长诗一首，回忆了和浦薛凤、王化成二人在清华时的友谊，仅从标题上就可知诗的大概：《逖生来书，眷怀清华园旧迹，有"五年前事浑一梦"语，因成长句，寄逖生、化成》。此诗虽由浦薛凤引起，由于诗中有回忆在清华和王化成相聚时的欢娱场景，便将此诗也抄一份寄给王化成。"满纸琐屑俨晤对，五年前事增眼明"。浦薛凤的诗，让朱自清感觉朋友就在面前，五年前的往事也历历在目。诗中回忆了和浦薛凤打桥牌、跳舞等经历，赞扬浦薛凤牌技高超，舞技也"周旋进止随鼓鸣"；回忆了王化成拍曲时的"登场粉墨歌喉清"的英姿，夸他家除夕之夜的汤团好吃，"流匙滑口甘如饧"，饭后更是"平话唠叨供解酲",体会"新岁旧岁相送迎"的除夕美景。只可惜,"五年忧患压破梦,故都梦影森纵横"。回忆是美好的,同时也让诗人更加忧时伤怀。在这天的日记中,朱自清说,"写一长诗给化成与逖生"。对于出现的身体不适,又说:"出现复视,怕是老年的信号,但此症状可治。曾在油灯下工作几夜,光线摇曳不定,复视可能由此引起。"

依旧例,朱自清把这首长诗,也复抄一份,寄给萧公权看。还在诗前附一小诗,戏称是"随嫁",并问萧公权"有兴肯吹毛"否?意欲让他和诗。萧公权读了朱自清的诗后,也作诗一首——《佩弦投长篇欲和未能寄此解嘲》。

看来,朱自清对这首长诗还很看重的。

到了1942年6月间,朱自清到重庆出席国语推行会常务委员会会议,还和王化成、浦薛凤聚会了几次。

归途的风景

一年休假结束了。

说是休假，无论是学术研究，还是散文、诗词创作，朱自清都取得了很大的成就，算是满载而归了。1941年10月8日，朱自清动身返回昆明，乘船顺岷江而下。

朱自清第一次走这条水路，一路上观察颇为仔细，除了观察两岸风景，还关注船上的日常生活，"岷江多曲折，船随时转向，随时有新景可看。江口以上，两岸平原，鲜绿宜人。沿岸多桤木林子，稀疏瘦秀，很像山水画。我们坐的是装机器的船。机器隔断前后舱，每天拿脸水拿饭，以及上岸上船，都得费很大的力。我们在后舱，所以如此。我睡在两张沙发椅上，相当舒服也相当的不舒服；因为空子太短，伸直脚杆又伸不直腰，伸直腰又伸不直脚杆。但我行李太少，这样也就算舒服了。船上饭很香，菜是李先生家另烧，吃得很好，有时候太饱。只有末一日，换了一个烧火的，烧的是'三代饭'，有焦的，有生的，有软的。船上没法换衣服，幸好没有生虱子"。（1941年10月20日朱自清《致钟霞裳、金拾遗等》）

在这样的行船中，于两日后抵达乐山。

乐山是岷江岸边的重要城市，朱自清下船后，看望在武汉大学教书的朱光潜、叶石荪等朋友，还和朱光潜去游览了乌尤寺、大佛寺、蛮洞、龙鸿寺等风景名胜，在《致钟霞裳、金拾遗等》中，朱自清说，"到嘉定走了四天半，因为江口就耽搁了一天。我倒不着急，着急也没用，况且着急也不必坐木船了"。朱自清是这样描写所见风光的，"只乌尤寺的悬岩还雄壮；大佛大得很，可是也傻得很。蛮洞倒是别致。叙府街好，简直有春熙路的光景。公园极小，但钟楼一座非常伟大坚固，可算四川第一，石基入地二三丈，地上一丈多，上用砖砌，非抬头看不到顶"。

如此在船上行了几日，于10月17日抵达宜宾，进入长江。不消说，一路行舟遇到生活上的不便，就是经历的各种艰险也不计其数，何况只是一条木质的机船呢。"沿路滩险不少，因水不大不小，平安渡过。只有十八日早过干碛窝，很吓人。我们船已漏水。若是船夫不用力，一碰在石头上就完了。我们看见水涡里冒出死人的肚腹。叙府上面有匪，我们也幸而未遇着。"从朱自清致钟霞裳和金拾遗的信中，可见水路之凶险。而接下来的这一段汽车路，也并非坦途，朱自清在信中还告诉朋友由纳溪到叙永是"赶黄鱼"。什么是"赶黄鱼"呢？简单说，就是高价票。好不容易上了车了，汽车在山路上歪歪扭扭地行驶。朱自清在 10 月 26 日致朱光潜的信中，描写了那天的情境：不巧"天又下雨，车没到站因油尽打住。摸黑进城，走了十多里泥泞的石子路，相当狼狈"。又说，"叙永是个边城。永宁河曲折从城中流过，蜿蜒多姿态。河上有上下两桥。站在桥上看，似乎颇旷远；而山高水深，更有一种幽味"。旅途虽然辛苦、狼狈，在朱自清眼里，河山依然美丽，依然"旷远"而有"幽味"。

朱自清是 1941 年 10 月 21 日到达叙永的。因一路辛苦，入住头几天，吃饱睡足，夜里接连做梦。梦后得诗一首并序，序云："九月日夕，自成都抵叙永，甫得就榻酣眠，迩日饱饫肥甘，积食致梦，达旦不绝，梦境不能悉忆，只觉游目骋怀耳。"这里的"九月日夕"应该是指农历。诗曰：

> 山阴道上一宵过，菜圃羊蹄乱睡魔。
>
> 弱岁情怀偕日丽，承平风物殢人多。
>
> 鱼龙曼衍欢无极，觉梦悬殊事有科。
>
> 但恨此宵难再得，劳生敢计醒如何。

这首诗的始末，在序中已有交代。但到了10月26日，在致朱光潜的信中，朱自清又做了解释："我的主人很好客，住的地方也不错。第一晚到这儿，因为在船上蜷曲久了，伸直了腰，舒服得很。那几天吃得过饱，一夜尽作些梦。梦境记不清楚，但可以当得'娱目畅怀'一语。第二天写成一诗，抄奉一粲。"这便是上述这首《好梦再叠何字韵》。

那么信中所说"很好客"的主人是谁呢？便是李铁夫。李铁夫出生于1892年，叙永人，毕业于四川陆军军官学堂。李铁夫热爱文艺，早就知道朱自清的文名。朱自清曾有《赠李铁夫》一诗，诗云："董家山舍几悠游，见说豪情胜辈流。载我倭迟下岷水，共君磊落数雄州。盘涡出入开心眼，抵掌从容散客愁。独去滇南无限路，主人长忆孟公俦。"从诗中可知，朱自清在致友人信中所说的"菜是李先生家另烧"中的李先生，即李铁夫。而李铁夫也和朱自清随船同行，"装机器"的大木船，或是李家的或李家租来的。

朱自清在叙永勾留到 10 月 30 日。

在叙永，朱自清一直住在李铁夫家。李家在叙永西城鱼市口开有"宝和祥"商号，是临街的大房子，三层，屋宇宽敞，高大气派，是叙永的商业中心。朱自清就住于此。在叙永的十天里，朱自清除了写信作诗、游山玩水，还巧遇了新派新人李广田。李广田是山东邹平人，1935 年毕业于北大。他当然知道朱自清在新文学界的大名了，大约在 1931 年，还听过朱自清在北大红楼的演讲，演讲主题是陶渊明，那次演讲动静不小，主持人是北大中文系主任马幼鱼先生，北大红楼下西端的大教室里挤满了人，当时李广田还只是北大预科的学生。在叙永这个边城，能够和大名鼎鼎的诗人、教授相遇，李广田自然分外开心，在李家楼上，在出游中，李广田多次和朱自清畅谈文学，特别是白话诗的有关问题，有数次交流讨论。李广田说，真正和朱自清相识是在民国三十年（1941）十月，朱自清在成都休假期满，返回西南联大途经叙永，"相隔十年，朱先生完全变了，穿短服，显得有些消瘦，大约已患胃病，特别引起我注意的是他的灰白头发和长眉毛，我很少见过别人有这么长眉毛的，当时还以为这是一种长寿的征象。为了等车，他在叙永住了不少日子，我们见过几次，都谈得很愉快，主要的是谈到抗战文艺，尤其是抗战诗，这引起他写《新诗杂话》的兴致"（《记佩弦先生》）。朱自清也很高兴能在偏僻的小地方见到文坛新秀，而且谈吐不俗，对新诗很有见地。也许就在这时候，朱自清萌生了写作《新诗杂话》的念头。

十天时间说短也短，一晃又要启程了。叙永虽然好，李家伙食虽然可口，虽然有李广田这样新交的朋友，但叙永毕竟不是久留之地，昆明的西南联大才是他工作的地方，三尺讲坛才是他心中的芳草地。1941 年 10 月 30 日，朱自清告别叙永，告别李宅，告别李广田，登上了开往昆明的汽车。在车中，在叙永渐渐退远的风景中，朱自清信口吟咏："堂庑恢廓盘餐美，十日栖迟不忆家。忽报飙轮迎户外，遂教榇被去天涯。整装众手争俄顷，握别常言乘一哗。如此匆匆奈何许，登车回首屡长嗟。"这便是那首《发叙永，车中寄铁夫》。诗中描写了在李家受到的礼遇，写了分别时的不舍。

如前所述，在叙永滞留的一大收获就是巧遇了李广田，受二人欢谈的启发，朱自清于一个多月后，写作了论文《新诗杂论》。该文敏锐地指出了抗战以来诗歌的发展趋势：一是散文化，"为了配合抗战的需要，都朝普及的方向走，诗作者也就从象牙塔里走上十字街头"；二是对胜利的展望，表现为大众的发现和内地的发现，指出，"大众的力量的强大，是我们抗战建国的基础。他们发现内地的广博和美丽，增强我们的爱国心和自信心"。"他们发现"又何尝不是朱自清自己的发现呢？又过不久，当朱自清收拾旧作，编一篇同名诗话集时，还在序言里提到了该书的缘起：1941 年，"秋天经过叙永回昆明，又遇见李广田先生；他是一位研究现代文艺的作家，几次谈话给了我许多益处，特别是关于新诗"。可能是因为体例吧，这篇文章在入集时，改名《抗战与诗》。

1941 年 10 月 31 日，朱自清刚到昆明，就向校方辞去中文系主任职务，由闻一多正式接任。

朱自清在昆明的住所几经迁移，夫人陈竹隐带着孩子移家成都后，他就一直住在梨园村。1941 年 11 月 12 日，朱自清从梨园村迁到龙泉镇司家营十七号，这里是清华文学研究所所在地。清华文学研究所成立于这年的 7 月，由冯友兰兼任所长，闻一多任中国文学部主任。

"无官一身轻"的朱自清非常喜欢司家营十七号，开始了在这里的研究生涯。

　　　　　　朱自清在西南联大

穷困中的挣扎

朱自清在西南联大的生活一直十分清贫。其实清贫和穷困是贯穿朱自清一生的，而在西南联大期间尤其艰难。战时物价飞涨、物资短缺是主要原因，另一主要原因是朱自清子女多，又分住三地：陈竹隐带几个孩子住在成都；扬州老家还有几个孩子，由父母操心，母亲去世后，就由父亲操持家事；朱自清自己住在昆明，也要有些开销。如此重的担子，都落在朱自清一个人的肩上。所以，朱自清多次向学校、向朋友借款，朋友来访无钱招待而内疚，发生这些窘事，就不奇怪了。

清华大学文学研究所在离昆明二十多里路的龙泉镇司家营，冯友兰任所长，闻一多任主任，朱自清等人任研究员。

在 1942 年年末至 1943 年年初一段时间，联大校园里一个段子广为流传，称有"联大三绝"。哪"三绝"呢？一是潘光旦的鹿皮背心，二是冯友兰的黄布包袱皮，三是朱自清的毡披风。但这"三绝"也是有区别的。鹿皮背心是珍贵的稀罕物件，不仅暖和御寒，还带有一种奢侈的气质；包袱皮没有什么奇怪的，那时的许多教授上课带的书都用包袱皮包着，但冯友兰的包袱皮上有八卦形图案，就有些出挑了；而朱自清的毡披风，只能显示其穷困。原因是这样的，1942 年冬天，昆明遇到十年来最寒冷的天气，朱自清的旧皮袍已经穿得破烂了，实在穿不出去了，又没钱做新棉袍，怎么办？有一天，朱自清所住的司家营附近的龙头村逢集，朱自清在街上看到赶牲口的人都会披一件毡披风，便动了念头，狠狠心买了一件。有了这件毡披风，朱自清白天披在身上，晚上铺在床上当褥子，总算是挨过一冬。何善周在《念朱自清先生——昆明司家营生活的片断》里，有更详细的描写："朱先生很爱整洁，平日出门经常穿着西服。这些衣服都是抗战前的旧装，不过平日刷得勤，破口的地方马上织补起来，穿得爱惜，表面看起来还像件衣服罢了。可是他一回到所里来，便马上把出门时的衣服脱下来换上污旧的长衫或夹袍，冬天则穿上他弟弟送给他的旧皮袍。夹袍和皮袍的钮扣都掉了，他自己缀上些破布条系着。布条长短不一，颜色也不相同，白的黑的蓝的都有。三十一年冬天，气候格外寒冷，旧皮袍不好穿着出门，既没有大衣，又没有力量缝制棉袍，他便趁龙头村的'街子'天，买了一件赶马人披的毡披风。这种披风有两种，细毛柔软而且式样好的比较贵些。朱先生买不起，他买了那种便宜的，出门的时候披在身上，睡觉的时候还可以把它当作褥子铺着。"

穿的情况是如此，那么吃的呢？浦江清记述了1943年旧历除夕他们的一餐年夜饭："上午佩弦请吃烤年糕，下午同人集合包饺子（角子）。晚饭即吃蒸饺，另菜二碟，佐以酒。又闻家送来鸡肉一碟，萝卜球一碗。此即年夜饭矣。"如果不是闻一多家送来两样菜，这个年夜饭也太寒酸了。有一次朱自清暑假回成都探亲，巧遇二十年未见的丰子恺，欣喜万分。但是因手头拮据，无力招待，只能以诗相赠。多年后，丰华瞻在文章中说："老友重逢，请吃一餐饭本是当然的事……朱先生穷得连一餐饭都请不起……就写了四首诗赠给父亲。"

为了缓解贫困，朱自清也是想尽了办法，能卖的都卖了。1942年4月8日晚上，朱自清手头实在周转不开了，只好变卖家里的行军床。朱自清估计这张行军床要卖一百二十块钱，没想到，送到寄售店永安行，被奸商压价，只标价六十块。

有一年夏天成都流行麻疹，朱自清和陈竹隐所生的三个孩子一齐病了，陈竹隐忙于照顾，加上心急，也病倒了。朱自清得信后，非常惦念家里的情况，又没有钱买机票，正一筹莫展的时候，朋友徐绍谷说："你拿点东西我给你卖了。"朱自清只好忍痛把心爱的一块砚台和一幅字帖卖了，朋友们又为他凑了些钱，才买票赶到家中。朱自清在《刘云波女医师》一文中也记述了此事："有一年我们的三个孩子都出疹子，两岁的小女儿转了猩红热，两个男孩子转了肺炎，那时我在昆明，内人一个人要照管这三个严重的传染病人。幸而刘医师特许小女住到她的医院里去。她尽心竭力的奔波着治他们的病，用她存着的最有效的药，那些药在当时的成都是极难得的。小女眼看着活不了，却终于在她手里活了起来，真是凭空的捡来了一条命！她知道教书匠的穷，一个钱不要我们的。后来她给我们看病吃药，也从不收一个钱。"这从另一个方面也说明朱自清家的清贫。朱自清过意不去，于是请叶圣陶写一副对子给她。

因为穷困，朱自清在大绿水河私立五华中学担任国文教员。一位名校的大教授去教中学语文，可见当时实在是没有挣钱的门路了。季镇淮在《回忆朱佩弦自清先生》中也惊讶地说："我请了朱先生，先生欣然答应，出我意外，我当然很高兴。著名的新文学家和教授，肯教中学国文，确是希奇。"而朱自清的学生王瑶了解老师，"在昆明时，朱先生因为生活清苦，在五华中学兼教一班国文"。

其实不仅是朱自清，在那个年代，许多人都为生活各显神通，都在设法兼职或从事各种工作补贴家用。闻一多因为擅金石篆刻，同人劝他挂牌治印，并由浦江清作骈体《闻一多金石润例》，朱自清在"润例"上签了名。同时签名的还有校长梅贻琦及冯友兰、潘光旦、沈从文等诸多教授。朱自清等教授因为常被昆明的许多学校或文化团体请去演讲，便和闻一多、吴晗等二十九名教授一起，联名定了个稿酬标准，不要钱，只要实物，这也算是中国教授们的一大"杰作"了，"因近来物价高涨，论文讲演所得之报酬实质甚微，同时精神与时间过多损失，拟自所节制，特自今日起联合订润例"。标准如下：1、文稿每千字以斗米之价值计；2、报纸星期论文每篇以两斗米之价值计；3、每次讲演以两斗米之价值计，讲演稿之发表另依文稿付酬；4、稿酬先惠，定时取稿，演讲报酬亦须先惠。

这就是当时名教授们的生活写照。大家生活都不好过，朱自清尤甚。因为长年的操心，加上胃病和营养不良，朱自清的身体一天不如一天。1945 年 7 月 22 日，胜利前夕，吴组缃来探访朱自清，一照面吴就吓了一跳："霎时间我可愣住了。他忽然变得那等憔悴和萎弱，皮肤苍白松弛，眼睛也失了光彩，穿着白色的西裤和衬衫，格外显出了瘦削和劳倦之态。……他的眼睛可怜地眨动着，黑珠作晦暗色，白球黄黝黝的，眼角的红肉球球凸露了出来；他在凳上正襟危坐着，一言一动都使人觉得他很吃力。"

　　就这样，朱自清的身体出现了危机。

《重庆行记》

《重庆一瞥》写于 1941 年 3 月 14 日。是一篇只有七百来字的小特写式的散文，是朱自清 1940 年夏天从昆明去成都，在重庆停留时的感受。

从前，朱自清对于重庆的印象是，"简直跟上海差不多"，当在重庆住了一礼拜之后，对于重庆的印象更深了。

从前许多人，连一些四川人在内，都说重庆热闹，俗气，我一向信为定论。然而不尽然。热闹，不错，这两年更其是的；俗气，可并不然。我在南岸一座山头上住了几天。朋友家有一个小廊子，和重庆市面对面儿。清早江上雾蒙蒙的，雾中隐约着重庆市的影子。重庆市南北够狭的，东西却够长的，展开来像一幅扇面上淡墨轻描的山水画。雾渐渐消了，轮廓渐渐显了，扇上面着了颜色，但也只淡淡儿的，而且阴天晴天差不了多少似的。一般所说的俗陋的洋房，隔了一衣带水却出落得这般素雅，谁知道！再说在市内，傍晚的时候我跟朋友在枣子岚垭，观音岩一带散步，电灯亮了，上上下下，一片一片的是星的海，光的海。一盏灯一个眼睛，传递着密语，像旁边没有一个人。没有人，还哪儿来的俗气？

朱自清用一向细腻的笔触，写了重庆如中国传统山水画一样的美。于是，重庆给朱自清留下了好印象。但是这样美丽的城市，依然没有躲过日寇的轰炸，但重庆的人民也一直没有丧失信心和希望："我坐轿子，坐洋车，坐公共汽车，看了不少的街，炸痕是有的，瓦砾场是有的，可是，我不得不吃惊了，整个的重庆市还是堂皇伟丽的！街上还是川流不息的车子和步行人，挤着挨着，一个垂头丧气的也没有。有一早上坐在黄家垭口那家宽敞的豆乳店里，街上开过几辆炮车。店里的人都起身看，沿街也聚着不少的人。这些人的眼里都充满了安慰和希望。只要有安慰和希望，怎么轰炸重庆市的景象也不会惨的。我恍然大悟了。——只看去年秋天那回大轰炸以后，曾几何时，我们的陪都不是又建设起来了吗！"

文章立意很简单，就是给国民以希望，教国民有勇气面对困难，相信最终会战胜日寇的。重庆给朱自清留下的印象不坏，可以说足够深了。所以朱自清在成都的繁忙中，还是挤时间写了篇"一瞥"。这一瞥意犹未尽，还是心向往之。

所以，当1942年5月11日魏建功来通知朱自清6月中旬要到重庆开会的消息时，朱自清一口应承了。会议是教育部大一国文委员会召集的，是一个重要的学术会议。6月8日这天，朱自清还到魏建功家拜访了一次，一来是确认会期，便于同行，二来也是出于礼貌。6月12日这天，朱自清和魏建功一起乘飞机到达山城重庆。

会议开了好几天，朱自清也在重庆待了十几天。在会上，朱自清提出了修订标点符号案，获得通过，并被委托起草标点符号修改草案。会议期间，朱自清很受文艺界和教育界人士的欢迎，走访了不少故交，多次出席朋友的宴会。19日这天，朱自清更是兴致很高地应邀到沙坪坝中央大学去做了一次《文学与语文》的演讲，演讲非常成功。李长之在《杂忆佩弦先生》里说："有一天，却喜出望外地见到朱先生和魏建功先生来了。更喜出望外的，是朱先生又恢复了往日的健康，头发上那一层霜也像揭走了，又是乌黑乌黑的了。他依然精神，仿佛和往日清华园的佩弦先生的面貌可以接续起来了。"从李长之的话中，不难看出，一个人的健康面貌、精神面貌是和当时所处的环境、交谊及日常生活密切相关的。李长之接着说："中央大学是一个一向受了学术派的熏陶，白话文不很被重视的学校，我们就借机会请朱先生来一次演讲。他那流动活泼的国语，以及对于白话文的热忱，我想会给听讲的人一个有力而且有益的启发。当天晚上，由辛树帜先生请吃锅贴，这次我们又很快乐的分手了。"朱自清精神状态一好，心情也就好了，居然还在 22 日一挥而就了一篇题为《写作杂谈》的文章，虽然是应卢冀野之约，但如果不是精神大爽，怕是也难于在旅行中创作吧。这篇文章的许多经验之谈，至今还让许多写作者受益良多："我的写作大体上属于朴实清新一路……我的写作大部分是理智的活动，情感和想象的成分都不多……可是我做到一件事，就是不放松文字。我的情感和想象虽然贫弱，却总尽力教文字将它们尽量表达，不留遗憾。我注意每个词的意义，每一句的安排和

朱自清在西南联大

音节，每一段的长短和衔接处，想多少可以补救一些自己的贫弱的地方。"

朱自清在重庆开会期间，还去了一次三弟家，三弟也两次来访，还送给朱自清烟丝和点心。朱自清有诗记之："陪都两见汝，日日来相存。唉我饼饵香，馈我烟丝醇。"

1942年6月23日，重庆之行结束，朱自清乘机回到昆明。在回来的当天晚上，梅贻琦就设宴为朱自清一行接风洗尘。

朱自清再次到重庆，已经是1944年的暑假了，他到成都度夏，先乘飞机到重庆。《重庆行记》中所写的，就是那几天的观感。朱自清在"小引"中说："这回暑假到成都看看家里人和一些朋友，路过陪都，停留了四日。每天真是东游西走，几乎车不停轮，脚不停步。重庆真忙，像我这个无事的过客，在那大热天里，也不由自主的好比在旋风里转，可见那忙的程度。这倒是现代生活现代都市该有的快拍子。忙中所见，自然有限，并且模糊而不真切。但是换了地方，换了眼界，自然总觉得新鲜些，这就乘兴记下了一点儿。"

这篇文章是朱自清在成都时写的，费时近半个月，于9月7日完成。该文分四节，分别为《飞》《热》《行》

《衣》。其中一篇《热》，把当时的重庆描写得十分传神：

昆明虽然不见得四时皆春，可的确没有一般所谓夏天。今年直到七月初，晚上我还随时穿上衬绒袍。飞机在空中走，一直不觉得热，下了机过渡到岸上，太阳晒着，也还不觉得怎样热。在昆明听到重庆已经很热。记得两年前端午节在重庆一间屋里坐着，什么也不做，直出汗，那是一个时雨时晴的日子。想着一下机必然汗流浃背，可是过渡花了半点钟，满晒在太阳里，汗珠儿也没有沁出一个。后来知道前两天刚下了雨，天气的确清凉些，而感觉既远不如想象之甚，心里也的确清凉些。

滑竿沿着水边一线的泥路走，似乎随时可以滑下江去，然而毕竟上了坡。有一个坡很长，很宽，铺着大石板。来往的人很多，他们穿着各样的短衣，摇着各样的扇子，真够热闹的。片段的颜色和片段的动作混成一幅斑驳陆离的画面，像出于后期印象派之手。我赏识这幅画，可是好笑那些人，尤其是那些扇子。那些扇子似乎只是无所谓的机械的摇着，好像一些无事忙的人。当时我和那些人隔着一层扇子，和重庆也隔着一层扇子，也许是在滑竿儿上坐着，有人代为出力出汗，会那样心地清凉罢。

第二天上街一走，感觉果然不同，我分别了重庆的热了。扇子也买在手里了。穿着成套的西服在大太阳里等大汽车，等到了车，在车里挤着，实在受不住，只好脱了上装，摺起挂在膀子上。有一两回勉强穿起上装站在车里，头上脸上直流汗，手帕子简直揩抹不及，眉毛上，眼镜架上常有汗偷偷的滴下。这偷偷滴下的汗最教人担心，担心它会滴在面前坐着的太太小姐的衣服上，头脸上，就不是太太小姐，而是绅士先生，也够那个的。再说若碰到那脾气躁的人，更是吃不了兜着走。曾在北平一家戏园里见某甲无意中碰翻了一碗茶，泼些在某乙的竹布长衫上，某甲直说好话，某乙却一声不响的拿起茶壶向某甲身上倒下去。碰到这种人，怕会大闹街车，而且是越闹越热，越热越闹，非到宪兵出面不止。

话虽如此，幸而倒没有出什么岔儿，不过为什么偏要白白的将上装挂在膀子上，甚至还要勉强穿上呢？大概是为的绷一手儿罢。在重庆人看来，这一手其实可笑，他们的夏威夷短裤儿照样绷得起，何必要多出汗呢？这儿重庆人和我到底还隔着一个心眼儿。再就说防空洞罢，重庆的防空洞，真是大大有名，死心眼儿的以为防空洞只能防空，想不到也能防热的，我看沿街的防空洞大半开着，洞口横七竖八的安些床铺、马札子、椅子、凳子，横七竖八的坐着、躺着各样衣着的男人、女人。在街心里走过，瞧着那懒散的样子，未免有点儿烦气。这自然是死心眼儿，但是多出汗又好烦气，我似乎倒比重庆人更感到重庆的热了。

《重庆行记》是朱自清后期散文的重要篇章，分四次在昆明的《中央日报》副刊《星期增刊》上发表。其中的《飞》，叶圣陶还作为范文，写了篇解析文章向中学生推荐，成为一时名篇。

致俞平伯的信

　　朱自清虽身在大西南，却仍关心沦陷区的朋友，特别是苦居北平的好朋友俞平伯，他更是时常惦记，也会把自己的病情告诉俞平伯，或把诗词寄给俞平伯看。如1943 年 9 月 26 日，在致俞平伯的信中说："弟近来胃病大发，精力颇不如前。大约营养亦差也。肉食虽不致太缺，然已见肉心喜，思之可笑。"

　　其时，俞平伯在北平的日子也不好过，有日伪背景的大学他不愿去上课，只能在私立的中国大学找点事做。为了生计，他还在家里招了几个学生教，收点辛苦费。这一时期的俞平伯是什么样的情状呢？从当时朋友和同事的文章、书信以及报刊的采访报道中，能够看出一些面貌来。1943 年 10 月《风雨谈》第 6 期，有一篇署名穆穆的文章，标题为《俞平伯先生》，文章中说："第一次和俞平伯见面是我在 C 大学读书的时候，那时我是大学三年级，有他授的《清真词》，等到上课钟响了，一个很矮的个子，一身胖肉，穿着一件宽大的衫子，夹着一个已经破旧了的皮包，鼻梁上架着两片白色的眼镜，最刺眼的是刚刚在四十个年龄的头，满载着一堆白发，如果在别处见到他，我决不会想到这就是久已闻名的俞平伯先生。"根据文章分析，"C 大学"就是中国大学，描写的应该是在 1940 年前后的俞平伯。作者接着又写道："俞先生的心是那么静，像他的散文一样的幽美，不多说一句费（废）话，好像脑海总在想着什么。"

1942 年 6 月 1 日《万人文库》旬刊第 15 册上，也有一篇小文章，作者夏简，文中透露他和几个青年人去采访俞平伯时的一些细节，在形容俞平伯的外貌时，文章中是这样说的："已经苍白了头发。中等的身材，穿着一袭薄棉袍，外面罩着蓝布褂，下面着一双礼服呢皂鞋。两只清澈眼睛却还带着活泼的光彩，时时透过无缘白水晶眼镜，发出真诚的笑。"又说："（他）不时把滑到旁边的长袍的襟，整正过来……今天看见俞先生，我仿佛第一次看见了'文质彬彬'的人，仿佛才觉得了'文质彬彬'的意味。"从文中描写的情境来看，作者访问俞平伯大约在这年的年初。在问俞平伯最近是否还经常写作时，俞平伯答道："不大写。发表的地方很少。"说起家里还收有几个学生时，俞平伯说："这比较费时间。此外做一些研究的工作。"在被问到是否经常外出时，俞平伯的回答是经常外出，"不过别家不大去，只常到几家亲戚家走走"。文章中还透露，俞平伯未发表的文章还有很多，"其中考据以外还有文学、思想等方面的著作"。说到好友朱自清时，俞平伯说："好久无信了，大概生活很清苦罢。"说罢，"微微露出伤感，但仍然保持着安静的态度"。这篇文章虽然只有千把字，却透露了很多信息，今天读来，俞平伯当时的情状跃然于纸上，仿佛他就坐在我们面前。他说朱自清清苦，自己又何尝不清苦呢？一位名教授，只靠带几个学生度日，一周两个钟点的课，稿子无处发表，据说，后来他家中又两度遭遇窃贼，财产损失惨重，境况更为困窘，不得不将家中旧物标价售卖，当初风雅一时的"古槐书屋"变成了旧货市场，俞平伯还亲自在一旁记账。

这篇文章说俞平伯的作品无处发表，应该是事实，主要是他不愿意在一些有日伪背景的杂志上发表作品。但是，到了1943年他又一连发表不少文章，并受到朱自清的批评。

这是怎么回事呢？

这还得从朱自清说起。身在昆明西南联大的朱自清太了解周作人和俞平伯之间的关系了，周作人"落水"后，朱自清十分担心俞平伯会受周作人的影响，带来灾难性的后果。事实上，朱自清因此曾给俞平伯寄过三首七律，其中一首云："思君直溯论交始，明圣湖边两少年。刻意作诗新律吕，随时结伴小游仙。桨声打彻秦淮水，浪影看浮瀛海船。等是分襟今昔异，念家山破梦成烟！"这首诗回溯当年少年时的意气，情景交融，十分动情。这种特殊时候的回忆，表达的并非文人雅士平素酬唱的一般情感，而是暗示一种心存光明、理想，不被恶环境影响和不屈服的意念。另一首就更为直白了："忽看烽燧漫天开，如鲫群贤南渡来。亲老一身娱定省，庭空三径掩莓苔。经年兀兀仍孤诣，举世茫茫有百哀。引领朔风知劲草，何当执手话沉灰！"这一首写出了朱自清能够深切地体会俞平伯苦居北京的现状：虽举世茫茫，却仍能"兀兀孤诣"，如劲草般"引领朔风"。

但是，事情还是发生了一些变化。1943年前后，北平几家有敌伪背景的杂志——《华北作家月报》《艺文杂志》《文学集刊》等，陆续刊出俞平伯的几篇文章。比如《音乐悦乐同音说》发表在1943年7月1日出版的《艺文杂志》第1卷第1期上，《词曲同异浅说》发表在《华北作家月报》第6期上，《谈〈西厢记·哭宴〉》发表在《文学集刊》第1辑上，《文学集刊》的主编是周作人的学生沈启无。朱自清知道，这些杂志与周作人都有密切联系，俞平伯是一定是赖不过老师的情面才供稿的。如此一来，俞平伯岂不是一步步陷了进去？特别是《艺文杂志》所选文章，以读书随笔、古典文学研究笔记为主体，这是俞平伯极为擅长的文体。所以，前七期的《艺文杂志》里，发表俞平伯的文章有六篇之多。俞平伯后来回忆云，"在敌伪时期，常有人来向我拉稿，我倒并不是为了贪图稿费，只是情面难却，便给那些不含政治色彩的文艺刊物写写稿"。而在当时，远在昆明的朱自清真替老友担心，马上千里驰书，劝说俞平伯不要再发表文章，"以搁笔为佳"。接信后，俞平伯理解老友的苦心，回信解释说"情面难却"，"偶尔敷衍而已"。但是，朱自清认为此事并非这么简单，1943年12月22日他再次致信俞平伯，叙述自己在大后方的苦苦撑持："弟离家二年，天涯已惯，然亦时时不免有情也。在此只教读不管行政。然迩来风气，不在位即同下僚，时有忧谗畏讥之感，幸弟尚能看开。在此大时代中，更不应论此等小事；只埋首研读尽其在我而已。所苦时光似驶，索稿者多，为生活所迫，势须应酬，读书之暇因而不多。又根柢浅，记忆差，此则常以为恨者，加之健康渐不如前，胃疾常作，精力锐减。弟素非悲观，然亦偶尔慄慄自惧。天地不仁，仍只有尽其在我耳。前曾拟作一首，只成二句曰：'来日大难常语耳，今宵百诵梦魂惊'，可知其心境也。"信的最后，朱自清对俞平伯前信的含糊态度予以驳回："前函述兄为杂志作稿事，弟意仍以搁笔为佳。率直之言，千万谅鉴。"俞平伯看到信后，受到极大的震撼："他是急了！非见爱之深，相知之切，能如此乎？"从此，除了几篇存稿发表，俞平伯便不再给这些杂志写稿了。

反对内战

　　抗战期间，朱自清因为自身的知名度，既能够和著名人士接触、交往，又能和普通民众打成一片，由此树立了自己独特的人生观和世界观，特别是在日寇投降后，对于国家的前途，他更是能站在人民大众的角度去思考。

　　1945 年 8 月 10 日那天，朱自清得悉日本侵略者无条件投降的消息时，和周围的人一样欣喜万分，狂欢庆祝。陈竹隐在《忆佩弦》一文中回忆了朱自清那天的情形："1945 年 8 月日本帝国主义投降的消息是深夜传到我家的。佩弦很兴奋的到大街上和老百姓一起狂欢了一整夜。回来时，他带着沉重的心情对我说：'胜利了，可是千万不能起内战。不起内战，国家的经济可以恢复得快些，老百姓可以少受些罪。'"朱自清的话说得很朴实，是当时绝大多数中国人的心声。

　　这年的暑假，朱自清过得比以往任何一个暑假都要开心，也更关心学校，比往年提前了一个月返校。回到学校不久后，他就在钱端升承示的《为国共商谈致蒋介石毛泽东两先生电》上签字。朱自清在日记中说："上午钱来访，请我等在对当前政局申述意见之电报上签名，内容谈及蒋之独裁统治。我同意签名。"在该电文上签名的还有张奚若、周炳琳、李继侗、吴之椿、陈序经、陈岱孙、汤用彤、闻一多和钱端升，都是有名望的教授。该电文于 10 月 1 日发出，并于 10 月 17 日在《民主周刊》第 2 卷第 12 期发表，改题目为《国立西南联合大学张奚若等十教授为国共商谈致蒋介石毛泽东电文》。该电文相当严厉地指责了国民党政府和蒋介石的独裁腐败统治，呼吁成立联合政府，召开国民大会，并从政治、人事、军队、惩罚伪官吏等四方面提出了改革措施。《民主周刊》在发表该电文的同时，还配发了一篇有力的短评，题目更简明——《十教授致蒋毛电文》，文中对十教授加以肯定：他们"都是以教书为业，精研笃究，卓著声誉的学者。内中没有一个是共产党员或曾是共产党员，年龄也都在四十以上，绝没有年轻气盛容易被人利用的分子在内。他们的意见应该可以说纯粹自发的，纯粹基于国家民族立场的，超出党派利害立场的意见，也就是代表了整个人民的意见"。

　　早在两三年前，抗日战争最艰苦时，朱自清的思想就发生了变化，当时还住在司家营，朱自清对抗战诗产生了兴趣，写了几篇关于抗战诗的研究短文。有一天，朱自清读到田间的《多一些》，诗中有这样的句子："多一颗粮食，就多一颗消灭敌人的枪弹！"朱自清很受感染，就把诗递给闻一多看，并说，好几年没看新诗，你看，新诗已经写得这样进步了！闻一多接过来读着，一只手指情不自禁地在桌子上敲出了节奏，轻声地念道：

　　　　要地里
　　　　长出麦子，

　　　　要地里
　　　　长出小米，

　　　　拿这些东西，
　　　　当作
　　　　持久战的武器。

（多一些！

多一些！）

多点粮食，

就多点胜利！

闻一多惊异地说，这哪是诗啊，这分明是鼓点的声音么！从此，朱自清和闻一多的思想有了更多的接近。

联大的课外活动特别活跃，学生自由组织各种社团，有讲老庄哲学的，有讲魏晋玄学的，还有讲陶渊明的，演讲者一般都是校内这方面有专门研究的资深教授。当然，新诗社会组织各种新诗朗诵活动，朱自清、闻一多、冯至、李广田等都亲临指导过。昆明当时有"民主堡垒"之称，但民主堡垒有时也会发生激烈的争执。比如 1944 年的"五四"纪念会期间，联大学生照例举办文艺晚会，朱自清、闻一多、杨振声、冯至、罗常培、沈从文、李广田七位教授登台演讲。因讲得太好，听众过多，只好从新校舍南区十号教室移到图书馆举行，但由于学生抢座位及三青团分子捣乱，演讲会流产。但学生间的争论，双方不同的政治观点，朱自清已经感受到了，同时这也在影响着他的世界观。闻一多在《八年的回忆与感想》里说："联大的政治风气开始改变，应该从三十三年算起。"在这样的大趋势中，朱自清也没有置身事外，在鲁迅逝世八周年纪念晚会上，朱自清发表了演说，还朗诵了田间的一首诗《自由向我们来了》。1945年的暑假，朱自清在成都时，对陈竹隐说："以后中间路线是没有的，我们总要把路看清楚，勇敢地向前走。这不是容易简单的事。我们年纪稍大的人也走得没有年轻人那么快，但是，就是走得慢，也得走，而且得赶着走。"（《忆佩弦》）

所以，当抗日战争胜利后，国内形势出现不和的苗头时，他坚决站在反对内战的阵营一边。

1945年11月25日晚上，西南联大、云南大学、中法大学和英语专科学校师生及市民五千余人，齐集联大图书馆前的"民主广场"，召开反内战时事演讲会。主持人的开幕词直指演讲会主题，"中华民族之兴废即系于目前进行之内战能否制止"，后来，几位教授轮番讲演。政治系教授钱端升极力强调成立联合政府的必要性，说"苟无联合政府，则内战将无法停止，老百姓将增无数之不必要之痛苦"。经济学家任启光的讲题更加专业，即"财政经济与内战关系"，他指出，目前中国的财政经济不适宜内战。如内战扩大，中国将失去建设现代化工业国家的机会。接着是社会学家费孝通，他的讲题是"美国与中国内战之关系"，他指出美国的对华政策实有助长中国内战之嫌。但其罪过不在美国人民，而是美国的财阀和军阀。最后是潘大逵教授的演讲，他的讲题是"如何制止内战"。就在演讲过程中，街上及四周数次响起枪声，子弹从学生们头上掠过。散会后当学生们列队散场时，军警在各路口架起了机关枪，学生只得退回学校，直到晚上十时才散。朱自清在当晚的日记中写道："晚军警取缔学生这时事晚会，枪炮之声，时闻于耳。"

没想到此后几天，形势恶化很快，学生和当局僵持不下。12月1日这天，国民党军人和特务数百人分头用棍棒、短刀、手榴弹袭击联大、云大、联大附中等处，有教员、学生共四人被打死，学生二十多人被打伤。这就是发生在昆明的"一二·一"惨案。

"一二·一"惨案让朱自清陷入悲痛和自责当中，同时他也进一步认清，只有停止内战，才是众望所归，只有民主，实现民主政治，才是人心所向。虽然12月2日四烈士装殓仪式他没有参加，"但肃穆静坐二小时余，谴责自我之错误不良习惯，悲愤不已"（《朱自清日记》）。在9日的日记中又说："至联大灵堂向死难四人致敬，灵堂布置肃穆有序。"

青年人的血震撼了朱自清，他做了深深的反思，对抗战胜利后的现实极度失望。1946年2月12日，他写下这样的诗句："凯歌旋踵仍据乱，极目升平杳无畔。几番雨横复风狂，破碎山河天四暗。同室操戈血漂杵，奔走惊呼交喘汗。流离琐尾历九秋，灾星到头还贯串。异乡久客如蚁旋，敝服饥肠何日赡？……只愁日夕困心兵，孤负西山招手唤。更愁冻馁随妻子，瘦骨伶丁沦弃扇。"在3月3日日记中又毅然写下这样的话："余性格中之懦弱，必须彻底革除，此亟须决心。"

编辑《闻一多全集》

1946 年 4 月 3 日，在久辞不允的情况下，朱自清再次担任清华大学中文系主任。冯友兰在《回忆朱佩弦先生与闻一多先生》中说："一多又同我说，他的政治上底关系，必然使学校当局增加困难。因此他愿意辞去清华中国文学系主任，专任教授。主任一职仍由佩弦担任。佩弦为人，向来是不轻然允诺底。我为这个事，又与佩弦长谈了许多次，梅月涵先生又亲身劝驾，才把这个担子又放在佩弦身上。"

1946 年 5 月 4 日，国立西南联合大学举行了纪念碑揭幕典礼。至此，西南联大结束了他光荣的使命。从 1937 年 9 月 22 日离开北平算起，历经南岳山中、蒙自分校，到昆明联大，近九年时间，朱自清终于结束漂泊生活，就要随校复员回到北平了，回到水木清华园了。

1946年6月14日，朱自清把联大中文系的事情安排停当后，启程回成都，于17日晚到达家中，准备在成都度过暑假。

就在这段时间里，冥冥之中，身在成都的朱自清格外担心起还在昆明的闻一多的安危来。虽然初来成都的十来天，几乎天天会朋友，赴邀宴，但朱自清还是于7月13日写了篇杂论《动乱时代》。朱自清不无焦虑地说："胜利的欢呼闪电似的过去了，接着是一阵阵闷雷响起。这个变化太快了，幻灭得太快了，一般人失望之余，不由得感到眼前的动乱的局势好像比抗战期中还要动乱些。"

朱自清想到远在昆明的闻一多。近年来，闻一多已经成了名副其实的民主斗士，朱自清感佩之余，不免想起昆明的局势，想起李公朴的死，更想起一个学生曾问他，闻先生是否处于危险之中？朱自清知道，危险肯定是存在的。但他不愿意这样想，只好顾左右而言他地说，论学问，国内没有人能及得上闻先生。如今又一个多月过去了，他最了解闻一多，他的坦诚、无私，像火一样的满腔热情和执着的投入的精神，朱自清都是清楚的。如今，昆明的局势依然极不明朗。

7月15日，朱自清又写一篇悼念老友夏丏尊的文章——《教育家的夏丏尊先生》。该文回忆了与夏丏尊在白马湖春晖中学度过的难忘岁月，不觉已经二十多年了。

也就是这一天，闻一多在昆明被国民党特务暗杀身亡。

朱自清是17日得悉闻一多遇刺的消息的，他十分悲痛，立即致信闻一多夫人："今日见报，一多兄竟遭暴徒暗杀，立鹤也受重创！深为悲愤！这种卑鄙凶狠的手段，这世界还成什么世界！……学校方面我已有信去，请厚加抚恤，朋友方面，也总该尽力帮忙，对于您的生活和诸侄的教育费，我们都愿尽力帮忙。一多兄的稿子书籍，已经装箱，将来由我负责，设法整理。"朱自清又在当天的日记中写道：闻一多"身中七弹。其子在旁，亦身中五弹。一多当时毙命，其子仍在极危险情况中。此诚惨绝人寰之事。自李公朴遇刺后，余即时时为一多之安全担心，但绝未想到发生如此之突然与手段如此之卑鄙！此成何世界"。

闻一多的遇害，对朱自清刺激很大，对当局的失望，对朋友的哀悼，都让他彻夜难眠。在致朋友的信中，他多次提及。如7月19日给李健吾的信中说："一多在昆明被暴徒狙击殒命，令人悲愤。有一家报纸说这是恐怖时代的前奏。也许是的罢？"20日，朱自清写下了题为《闻一多先生与中国文学》的文章，文章充分肯定了闻一多在诗歌和研究方面的成果：

　　大家都知道闻先生是一位诗人。他的《红烛》，尤其他的《死水》，读过的人很多。这些集子的特色之一，是那些爱国诗。在抗战以前也许是惟一的爱国新诗人。这里可以看出他对文学的态度。新文学运动以来，许多作者都认识了文学的政治性和社会性而有所表现，可是闻先生认识得特别亲切，表现得特别强调。他在过去的诗人中最敬爱杜甫，就因为杜诗政治性和社会性最浓厚。后来他更进一步，注意原始人的歌舞：这是集团的艺术，也是与生活打成一片的艺术。他要的是热情，是力量，是火一样的生命。

　　但是他并不忽略语言的技巧，大家都记得他是提倡诗的新格律的人，也是创造诗的新格律的人。他创造自己的诗的语言，并且创造自己的散文的语言。诗大家都知道，不必细说；散文如《唐诗杂论》，可惜只有五篇，那经济的字句，那完密而短小的篇幅，简直是诗。我听他近来的演说，有两三回也是这么精悍，字字句句好似称量而出，却又那么自然流畅。他因此也特别能够体会古代语言的曲折处。当然，以上这些都是得靠学力，但是更得靠才气，也就是想象。但就读古书而论，固然得先通文字声韵之学；可是还不够，要没有活泼的想象力，就只能做出点滴的饾饤的工作，决不能融会贯通的。这里需要细心，更需要大胆。闻先生能够体会到古代语言的表现方式，他的校勘古书，有些地方胆大得吓人，但却是细心吟味所得；平心静气读下去，不由人不信。校书本有死校活校之分；他自然是活校，而因为知识和技术的一般进步，他的成就骎骎乎驾活校的高邮王氏父子而上之。

他研究中国古代，可是他要使局部化了石的古代复活在现代人的心目中。因为这古代与现代究竟属于一个社会，一个国家，而历史是联贯的。我们要客观的认识古代；可是，是"我们"在客观的认识古代，现代的我们要能够在心目中想象古代的生活，要能够在心目中分享古代的生活，才能认识那活的古代，也许才是那真的古代——这也才是客观的认识古代。闻先生研究伏羲的故事或神话，是将这神话跟人们的生活打成一片；神话不是空想，不是娱乐，而是人民的生命欲和生活力的表现。这是死活存亡的消息，是人与自然斗争的纪录，非同小可。他研究《楚辞》的神话，也是一样的态度。他看屈原，也将他放在整个时代整个社会里看。他承认屈原是伟大的天才；但天才是活人，不是偶像，只有这么看，屈原的真面目也许才能再现在我们心中。他研究《周易》里的故事，也是先有一整个社会的影像在心里。研究《诗经》也如此，他看出那些情诗里不少歌咏性生活的句子；他常说笑话，说他研究《诗经》，越来越"行而下"了——其实这正表现着生命的力量。

他是有幽默感的人；他的认识古代，有时也靠着这种幽默感。看《匡斋尺牍》里《狼跋》一篇，便知道他能够体会到别人从不曾体会到的古人的幽默感。而所谓"匡斋"本于匡衡说诗解人颐那句话，正是幽默的意思。他的《死水》里《闻一多先生的书桌》，也是一首难得的幽默的诗。他有着强大的生命力，常跟我们说要活到八十岁，现在还不满四十八岁，竟惨死在那卑鄙恶毒的枪下！有个学生曾瞻仰他的遗体，见他"遍身血迹，双手抱头，全身痉挛"。唉！他是不甘心的，我们也是不甘心的！

朱自清对闻一多的概括是准确的，哀悼更是情真意切，认为闻一多的死是中国文学方面的重大损失：

闻先生的专门研究是《周易》《诗经》《庄子》《楚辞》、唐诗，许多人都知道。他的研究工作至少有了二十年，发表的文字虽然不算太多，但积存的稿子却很多。这些并非零散的稿子，大都是成篇的，而且他亲手钞写得很工整。只是他总觉得还不够完密，要再加些工夫才愿意编篇成书。这可见他对于学术忠实而谨慎的态度。

他最初在唐诗上多用力量。那时已见出他是个考据家，并已见出他的考据的本领。他注重诗人的年代和诗的年代。关于唐诗的许多错误的解释与错误的批评，都由于错误的年代。他曾将唐代一部分诗人生卒年代可考者制成一幅图表，谁看了都会一目了然。他是学过图案画的，这帮助他在考据上发现了一种新技术；这技术是值得发展的。但如一般所知，他又是个诗人，并且是个在领导地位的新诗人，他亲自经过创作的甘苦，所以更能欣赏诗人与诗。他的《唐诗杂论》虽然只有五篇。但都是精彩逼人之作。这些不但将欣赏和考据融化得恰到好处，并且创造了一种诗样精粹的风格，读起来句句耐人寻味。

后来他在《诗经》《楚辞》上多用力量。我们知道要了解古代文学，必须从语言下手，就是从文字声韵下手。但必须能够活用文字声韵的种种条例，才能有所创获。闻先生最佩服王念孙父子，常将《读书杂志》《经义述闻》当作消闲的书读着。他在古书通读上有许多惊人而确切的发明。对于甲骨文和金文，也往往有独到之见。他研究《诗经》，注重那时代的风俗和信仰等等；这几年更利用弗洛伊德以及人类学的理论得到一些深入的解释。他对《楚辞》的兴趣似乎更大，而尤集中于其中的神话。他的研究神话，实在给我们学术界开辟了一条新的大路。关于伏羲的故事，他曾将许多神话综合起来，头头是道，创见最多，关系极大。曾听他谈过大概，可惜写出来的还只是一小部分。他研究《周易》，是爱其中的片段的故事，注重的是社会生活经济生活的表现。近三四年他又专力研究《庄子》，探求原始道教的面目，并发见庄子一派政治上不合作的态度。以上种种都跟传统的研究不同：眼光扩大了，深入了，技术也更进步了，更周密了。所以贡献特别多，特别大。近年他又注意整个的中国文学史，打算根据经济史观去研究一番，可惜还没有动手就殉了道。

这真是我们一个不容易补偿的损失啊！

1946 年 7 月 21 日，朱自清出席了西南联大校友会召开的闻一多追悼会，并做《闻一多先生与中国文学》的演讲。接下来，朱自清又几次出席悼念闻一多的活动。每次都是悲伤又悲愤，闻一多敲着桌子，背诵田间的《多一些》的情景，仿佛还在眼前。闻一多埋头读书写作，用心用力篆章刻印，慷慨激昂的反独裁、争自由、促民主的演讲，都给朱自清留下深刻且难忘的印象。这些记忆，终于激发了朱自清的诗情。朱自清好久没有写作新诗了，却在 8 月 16 日写下了《悼一多》，诗人呐喊道："你是一团火，照见了魔鬼；烧毁你自己，遗烬里爆出新中国！"但是，成都悼念闻一多的活动，也引起了反动派的震怒，18 日，朱自清冒着生命危险，再次参加了在蓉光大戏院举行的成都各界人士悼念李公朴、闻一多追悼大会。事前已有传闻，说那天可能要出乱子。但朱自清依然前往，并做了闻一多生前事迹的报告，不但博得了阵阵掌声，还使听众纷纷掉泪。朱自清由于即将出发去北京，追悼会没结束就回家收拾行李。而那天晚上果然出事，民盟中央主席张澜在会场门口遭到袭击，被打中头部，血流如注。

朱自清于 8 月 19 日离开成都，取道重庆。在重庆小住一段时间后，于 10 月 7 日飞抵北平。朱自清在《回忆杂记》中深情地说："飞机过北平城上时，那棋盘似的房屋，那点缀着的绿树，那紫禁城，那一片黄琉璃瓦，在晚秋的夕阳里，真美。在飞机上看北平市，我还是第一次。这一看使我连带地想起北平的多少老好处，我忘怀一切，重新爱起北平来了。"

到北平之后，朱自清仍住清华园十六号旧居，除了授课和赶写约稿外，开始正式为《闻一多全集》筹划操心了。11 月 29 日，朱自清主持了纪念闻一多先生遗著委员会第一次会议。该委员会成员还有雷海宗、潘光旦、吴晗、浦江清、余冠英等，朱自清被梅贻琦任命为召集人。这个召集人，可不是挂挂名，而是实实在在干活的主力军，除了正常的教学、著文外，朱自清把大部分业余时间都投入了闻一多遗稿的整理上。经过一段时间的整理、编订、查证，朱自清在 1947 年 1 月 15 日举行的纪念闻一多先生遗著委员会会议上，通过了《闻一多全集》的目录。又历时几个月，在各方面共同努力下，《闻一多全集》的校样打印了出来。5月25日这天，朱自清率清华大学中文系十二位同人，集体校对闻一多的遗稿，朱自清还重新编排了《闻一多全集》的目录。朱自清在当天的日记中写道："一切均甚仓卒，恐不能做得很好。但环境又需早日出版，实无他法。"5月26日，在给叶圣陶的信中，则说："一多集正在赶编，只好一集一集交吴公转奉。因为弟实在忙，这编的事又得自己过目。最费时间的还是抄写、校对和搜寻文篇。但弟竭力赶办。两三周内，打算将大部分课余时间用在这上头。"正如吴晗在《〈闻一多全集〉跋》里所说："佩弦先生是一多十几年来的老友和同事，为了这部书，他花费了一年的时间，搜集遗文，编缀校正，遗稿由昆北运时，有一部分遭了水渍，请人逐页揭开，请人抄写。他拟定了目录，选编了尽牍，发表了许多未刊的遗著。……一句话，没有佩弦先生的劳力和主持，这集子是不可能编集的。"朱自清逝世以后，吴晗在《悼朱佩弦先生》中又说："我记得，这两年内，为了一篇文章，一句话，一封信，为了书名的题署，为了编纂人员的列名，以及一切细微末节，你总是写信来同我商量。只有我能完全知道你对亡友著作所费的劳务、心血。"朱自清甚至还把闻一多的一篇口述的写作提纲，连缀成文发表。文末有朱自清的注："闻一多先生暑假前曾经口头向清华大学提出这个建议，但是一时还不能够施行。这篇文章不幸未能完成，可是纲要是完成了的。他的建议很值得大家讨论，所以我将原稿连缀成篇发表。"什么叫朋友，什么叫负责，从朱自清主编《闻一多全集》中，就可看出了。

1948 年 7 月 15 日，离朱自清逝世不到一个月时，朱自清在召集闻一多先生遗著委员会会议上，作《整理纪念闻一多先生遗著委员会报告》讲话，决定结束该委员会工作。当晚，赴同方部出席清华学生自治委员会举办的闻一多遇害两周年纪念会，这一天很热，朱自清和吴晗等坐在第一排。电灯关了，两支烛光，背后是栩栩如生、长须飘拂、含着烟斗的闻一多画像。清瘦的朱自清站在台下，用低沉的声调，向与会者报告了闻一多全集编辑和出版的过程。

就在朱自清逝世的 1948 年 8 月，由朱自清作《序》和《编后记》的四卷本的《闻一多全集》出版了。可惜，花费晚年极大心血的全集，朱自清没有看到。朱自清在《闻一多全集》的《序》里写道："闻一多先生为民主运动贡献了他的生命，他是一个斗士。但是他又是一个诗人和学者。这三重人格集合在他身上，因时期的不同而或隐或现。大概从民国十四年（1925）参加《北平晨报》的诗刊到十八年任教青岛大学，可以说是他诗人时期，这以后直到三十三年参加昆明西南联合大学的五四历史晚会，可以说是他的学者时期，再以后这两年多，是他的斗士时期。学者的时期最长，斗士的时期最短，然而他始终不失为一个诗人，而在诗人和学者的时期，他也始终不失为一个斗士。"朱自清赞赏闻一多是斗士，他自己何尝不是一个斗士呢！更让人唏嘘的是，朱自清还要和病魔抗争！

附 录

叶圣陶和《经典常谈》

叶圣陶写过三篇关于《经典常谈》的文章，分别为《读〈经典常谈〉》《介绍〈经典常谈〉》和《重印〈经典常谈〉序》，《读〈经典常谈〉》发表于1943年8月5日出刊的第66期《中学生》,《介绍〈经典常谈〉》发表于专供教师阅读的《国文杂志》。《重印〈经典常谈〉序》则是应三联书店之约而写的，写于1980年4月9日，同年载于《经典常谈》上。

《读〈经典常谈〉》一文发表后，又被叶圣陶收在1945年出版的《西川集》里。叶圣陶在文章中更简明地肯定了《经典常谈》的意义，他说：中国古代的经典，"分散在潜藏在各种书籍里，让学生淘金似的去淘，也许淘不着，也许只淘着了一点儿。尤其为的是从前的书籍，在现代人看来，有许多语言文字方面的障碍；先秦古籍更有脱简错简，传抄致误，清代学者校勘的贡献虽然极大，但是否定全恢复了各书的原样，谁也不敢说定；现代学生不能也不应个个劳费精力在训诂校勘上边，是显而易见的。所以，为实质的吸收着想，可以干脆说一句，现代学生不必读从前的书。只要历史教本跟其他学生用书编撰得好，教师和帮助学生的一些人们又指导得法，学生就可以一辈子不读《论语》《庄子》却能知道孔子、庄子的学说；一辈子不读《史记》《汉书》，却能明晓古代的史迹"。这是叶圣陶喜欢朱自清这本《经典常谈》的理由。

关于朱自清这本《经典常谈》的来龙去脉和写作过程，叶圣陶知道不少。早在1938年9月21日，住在昆明青云街284号的朱自清，拜访杨振声和沈从文。此时杨、沈奉教育部委托编写中小学教科书（已经近尾声），有关古代经典的普及一书，拟请朱自清编写。这次拜访交谈十分成功，初定书名为《古典常谈》，朱自清第二天就动手写了一篇，这便是那篇《〈诗经〉第四》。此后又时断时续地写了数篇。如10月3日，开始写作《三〈礼〉第五》，10月17日作《〈春秋〉三传第六》，1939年2月5日作《"四书"第七》，2月13日作《〈说文解字〉第一》，

3月13日作《诸子第十》，3月29日作《辞赋第十一》，4月11日作《诗第十二》，5月2日作《文第十三》，5月16日作《〈史记〉〈汉书〉第九》，这篇文章费时十天，9月29日作《〈尚书〉第三》。至此，共十三篇文章，朱自清已经写作了十一篇。朱自清之所以没有按照顺序写，可能是因为事先拟好了写作篇目，根据自己的兴趣和熟悉程度，择篇而写的。成都学者龚明德先生发表在2000年第8期《博览群书》上的《写于成都的〈经典常谈〉》考证说，"叶圣陶1940年11月20日的日记所载'乘车至佩弦所，观其所作《古典常谈》稿数篇'，证实了初稿《古典常谈》的写作开手于朱自清回成都家中大体安顿好家务琐事以后的这年11月前后"。此说法是错误的。"这年的11月前后"，不是"开手"，而是全书大体定稿了。

　　杨振声和沈从文负责编写的中小学教科书，因抗战军兴，不适合形势，教育部已经另搭一套班子重新编写，所以并没有刊行。不过朱自清的这本《经典常谈》（原《古典常谈》），还是经杨振声之手，于1942年8月由国民图书出版社出版，1946年由文光书店刊行，到了1950年1月已经印了第五版。叶圣陶喜欢《经典常谈》，还推荐给好朋友王伯祥读。叶圣陶在1943年6月26日日记中说，"作百三号书致伯祥，附佩弦之《经典常谈》三十面，以后次第分寄之"。三十面是什么意思呢？显然不是手稿，应该是把《经典常谈》一书拆开了而"次第分寄之"。可见好书是要共欣赏的。此后，叶圣陶根据自己对《经典常谈》的理解，一口气写了两篇文章，这两篇文章，为这本书的普及起了大作用。

叶圣陶在1980年写作《重印〈经典常谈〉序》时，已经是耄耋高龄了，朱自清已经逝世32年，叶圣陶看到老友的这部遗著成为经典，高兴之余，也百感交集，"他的声音笑貌宛若在面前，表现在字里行间的他那种嚼饭哺人的孜孜不倦的精神，使我追怀不已，痛惜他死得太早了"。在这篇新序里，叶圣陶对《经典常谈》的比方更是形象，他说："先生所说的经典，指的是我国文化遗产中用文字写记下来的东西。假如把准备接触这些文化遗产的人比作参观岩洞的游客，他就是给他们当个向导，先要洞外讲说一番，让他们心中有个数，不至于进洞去感到迷糊。他可真是个好向导，自己在里边摸熟了，因而能够按真际讲说，决不说这儿是双龙戏珠，那儿是八仙过海，是某高人某仙人塑造的。求真并非猎奇的游客自然欢迎这样的好向导。"叶圣陶不愧是大师，把一本带有学术性的普及读物比喻得形象透彻。叶圣陶在这篇新序里，还提出自己的三点见解：第一是中等教育阶段，不用真读经典，直接读《经典常谈》就可以了；第二是历史教学中，也应该分担一部分经典；第三是必须有计划地跟经典接触，"阅读某些经典的全部和另外一些经典的一部分"。想到这三点意思，不能"跑到望江楼对面朱先生的寓所，跟他当面谈一谈"，叶圣陶真是"怅惘无极"啊!

2009 年，中华书局出版的"跟大师谈国学"大型书系中，朱自清的《经典常谈》重新出版，叶圣陶的这篇《重印〈经典常谈〉序》，也被作为附录收入，另外一篇《读〈经典常谈〉》也被收入。该书还把朱自清的《〈唐诗三百首〉指导大概》和《〈封建论〉指导大概》作为附录也收了进去，这样，中华书局本的新编《经典常谈》的内容就更为丰富了。

2010 年 5 月 18 日于北京

《清华园日记》里的朱自清

　　《清华园日记》是浦江清在清华大学担任教职时的一本日记，日记所记，涉及当时清华大学许多教授以及和浦江清有交往的社会名人。该日记分两部分：第一部分是从 1928 年至 1936 年，时记时断；第二部分是从 1948 年至 1949 年。本篇只介绍第一部分里对朱自清的有关记录。

　　浦江清老家是江苏松江（今上海市），出生于 1904 年，小学和中学都在松江，毕业于东南大学西洋文学系。毕业后，到清华大学任陈寅恪的助教，时间是在 1926 年。到了 1929 年，转入清华大学中国文学系任教。浦江清进入清华，比朱自清晚上一年。朱自清大学毕业后，一直在江浙沪一带的中学教书，漂泊不定，生活贫困，在给好友俞平伯的信中，流露出想去北京谋职的想法。1925年暑假期间，清华学校设立大学部，请胡适推荐教授。胡适推荐了他的学生俞平伯。俞平伯恋家，不想出城教书，正好知道朱自清想脱离南方的中学，便向胡适推荐了朱自清。朱自清在北京的这段时间里，一直住在俞平伯家，直到1925年9月1日由俞家移住清华中文部教员宿舍古月堂六号。9月4日朱自清写信给胡适，感谢胡的推荐。9月9日开学后，教李杜诗等课。至此，朱自清开始了在清华的历程。

浦江清的《清华园日记》始记于1928年1月1日，至1936年1月30日，为第一阶段，记述他和朱自清的交往。后来还有《西行日记》。到了1948年12月12日恢复记日记时，朱自清已经逝世了。

浦江清日记里第一次出现朱自清，是在1928年1月22日，日记云："斐云招余至其家吃年夜饭。是晚客仅余及王以中君、朱佩弦君及斐云夫人之姊张女士四人。"斐云即赵万里，王以中就是王庸。赵万里是浙江海宁人，出生于1905年，毕业于东南大学中文系，其时任清华大学国学研究院助教。王庸是江苏无锡人，出生于1900年，1919年入南京两江高等师范读书，1928年清华国学研究院毕业后留校任教。其时是旧历除夕，当时民国政府废除旧历制，提倡新生活，但民间还会在这一天过节。赵万里新婚不久，请朋友吃饭，朱、浦、王都是同事，特别是朱自清，其时已经是有名的作家，和赵万里又是朋友，早在1926年5月30日，朱自清就邀请赵万里午宴，同席的还有顾颉刚等人，饭后，还和顾颉刚、赵万里等人看了圆明园遗址。1928年的清华大学，和往年的大不一样，民国政府议决改清华学校为国立清华大学，罗家伦为校长，杨振声担任文学院院长兼中国文学系主任。杨振声和朱自清是北京大学前后届的同学，杨振声特别器重朱自清，一到任，就和朱自清商量中文系的草创工作。杨振声在《纪念朱自清先生》一文里，回忆了当时清华中文系的基本状况："那时清华的风气与现在大不相同，国文是最不时髦的一系，也是最受压迫的一系。教国文的是清朝科举出身的老先生们，与洋装革履的英文系相比，大有法币与美钞之别。真的，国文教员的待遇不及他系教员的一半。因之一切都贬了值，买书分不到钱，行政说不上话，国文教员在旁人眼角视线下，走边路，住小房子。我想把国文系提高，使与他系一律平等，那第一得特色人才。"又说到和朱自清的交往："我到清华时，他就在那受气的国文系中作小媳妇！我去清华的第二天，便到古月堂去访他。他住在西厢房一间小屋里。下午西窗的太阳，射在他整整齐齐的书桌上，他伏在桌上低着头改卷子。就在这小屋子里，我们商定了国文的计划。"正是在杨振声和朱自清的努力下，清华大学中文系才有了新气象。在这种情况下，清华的年轻教师必定比老教师还要开心。到了寒假里，赵万里请吃年夜饭，请朱自清和浦、王二位年轻教师，聊聊新年，聊聊文学，聊聊来年的打算，开开心心过了新年。另外，赵万里请客，可能还有另一层意思，即浦、王和他自己，都是吴宓编辑天津《大公报》副刊《文学》的作者，席间，大约也没少聊这方面的话题。

浦江清日记第二次提到朱自清已到1928年9月1日，日记记的事情较多，有朋友来访，有晚上朋友招宴，一朋友花五十元新购一辆自行车，欲学骑云云，有专门一段写道："至佩弦处闲谈。佩弦方治歌谣学，向周作人处借得书数种在研读。"在二十世纪二十年代，北京大学兴起歌谣热，周作人、刘半农等都参与其中，周作人写过文章，也搜集过不少歌谣。清华大学经杨振声改革后，气象大新，课程安排上也更丰富。朱自清新学年担任"歌谣"课的老师，所以要在这方面下大力气。新学年里，朱自清的好朋友俞平伯，也应罗家伦校长之聘，到国立清华大学中文系任教，还兴致很高地写了《始来清华园》一诗。俞平伯也喜欢歌谣，1921 年 11 月 9 日到常熟游览时，在常熟旅社里，还想到在杭州看到有人用粉笔写在墙上的歌谣："高山有好水，平地有好花；家家有好女，无钱没想她。"还根据这首歌谣重写一首白话诗，并作了小序。到清华他和朱自清成为同事，交流很多，歌谣也是话题之一吧。到了 1928 年 11 月 7 日，朱自清和俞平伯一起招待了来访的周作人，席间有没有讨论歌谣呢？可以肯定的是，周作人曾在 11 月 21 日致信俞平伯，请俞代问朱自清是否愿意代沈尹默在燕京大学讲诗的课。而朱自清答应了，否则，不会有 24 日这天，俞平伯在给周作人的信中，谈及朱自清当日上午在燕京大学讲"歌谣之起源与发展"的课，并称朱自清"大有成为歌谣专家的趋势"。

第三次写到朱自清是在 1928 年 9 月 6 日，日记云："佩弦来闲谈，说起钱基博有《文学史讲义》，云孔子自创雅言，其后孔子门徒遍天下，故战国末文言统一了。""五四"以来，中国文学史是一门新兴的课程，一直是学术界争论较大的一个课目。虽然刘师培早在 1917年就在北京大学开设中国古代文学史课，到了 1918—1919 学年时，他已经写成了较成熟的讲稿《中国文学讲稿概略》，但十余年下来了，关于这门课，国内还是没有权威者，文史大家刘咸炘就质疑过：

> 文学一科，与史、子诸学并立，沿称已久，而其定义、范围，则古无详说，今亦不免含混，是不可不质定者也。

> 近者小说、词、曲见重于时，考论渐多，于是为文学史者咋取以为新异，乃至元有曲而无文，明有小说而无文，此岂足为文学史乎？

但是，想要另起炉灶别撰一本，则非易事，只能引述了《论语》所谓文学，乃是对德行、政事而言，而所谓学文，则是对力行而言，皆是统言册籍之学。以后学科的分化，才有专以文名，著录诗赋一种，然后扩展为集部，与史、子相分别。到了六朝齐、梁之时，才有文、笔的区分，以有藻韵者为文，无藻韵者为笔。其后雕琢过甚，以复古返质，掀起古文运动，文、笔之说遂废无人谈，而古文与史、子皆入，也未尝定其畛域，浑泛相沿而已。清代阮元复申文笔之说，文的范围才有讨论，章太炎正阮之偏，以为凡着于竹帛谓之文，有无句读、有句读的分别。近人取西人之说，以诗歌、戏曲、小说为纯文学，史传、论文为杂文学。

确实是这样。当年俞平伯要讲中国小说史，还写信给老师周作人，商借鲁迅的《中国小说史略》做参考。后来才有胡小石的《文学史讲义》、林庚的《中国文学史》、台静农的《中国文学史》（未完稿）稍有影响。这次朱自清向浦江清谈及钱基博的《文学史讲义》，可能是浦江清准备讲这门课而引起的。在那个时代，钱基博这本讲稿，和鲁迅的《中国小说史略》几乎齐名，大学老师们参考最多。

浦江清第四次在日记里写到朱自清，是在 1929 年 1 月 31 日。浦江清的日记时断时续，从 1928 年 9 月 26 日中断后，直到 1929 年 1 月 29 日才又重拾起来，中间断了四个多月。1929 年 1 月 31 日这天的日记，浦江清所记的事情很多，涉及朱自清的这一段是，"吴雨僧先生及张荫麟君来谈。谈及《大公报》（天津发行）《文学》副刊前途事。此期稿件甚缺乏，缘《大公报》纸张加宽，每期需九千字，而负责撰稿者仅四人。佩弦新加入，尚未见有稿来。以后每人每月需担任七千余字方可对付"。《大公报》副刊《文学》的主编原是吴雨僧，即吴宓。浦江清在 1928 年 1 月 17 日的日记曰："晚上，吴雨僧先生（宓）招饮小桥食社。自今年起，天津《大公报》增几种副刊，其中《文学》副刊，报馆中人聘吴先生总撰，吴先生复请赵斐云君（万里）、张荫麟君、王以中君（庸）及余四人为助。每期一出一张，故亦定每星期二聚餐一次。"此后不久，吴宓因家事和教学诸事繁忙，就把此事委托浦江清实际办理。浦江清既是撰稿人，也是组稿人，还是编辑。这次谈话，重点应该是关于稿件事。

此后两次日记，关于朱自清的记述都是关于稿件事，如1929年2月5日云："佩弦交来副刊稿件，为评老舍君之《老张的哲学》《赵子曰》两小说之文。文平平，无甚特见。《赵子曰》我曾读过，并在副刊主论《小说月报》十八卷时曾评及之。老舍君笔头甚酣畅，然少剪裁，又多夸诞失实，非上等作家也。"2月6日又云："晴，暖，发副刊稿至天津。稿共二篇，一即佩弦稿，一即荫麟纪念梁任公之文。"

1929年5月3日之后，浦江清日记再次中断，一年半以后的1930年12月26日才又重新开笔。这段时间，浦江清正单恋燕京大学女生蔡贞芳。从此之后的日记，内容比以前较为详细，多为和蔡贞芳的交往，关于朱自清的记录也不少。开笔第一天的日记即有记录："今天可不同了。预先约好，请贞芳、仰贤来吃饭，并且请公超、佩弦作陪。"还说"佩弦和公超喝了些酒"。仰贤即陈仰贤，是蔡贞芳的同学兼好朋友。重新开笔的日记写得较长，透露了很多在当时还鲜为人知的信息，比如吴宓追求的陈仰贤对吴的态度，浦江清很冷静地写道："仰贤批评吴先生的离婚，表同情于吴师母，并且说吴先生的最小的一个女孩在家里，一听外面门铃响，便说爸来了，最使她的母亲伤心。仰贤批评说，吴先生是最好的教授，但是没有资格做父亲，亦没有资格做丈夫。这使我们都寒心，因为在座诸人都知道，吴在英国，用电报快信与在美国的毛彦文女士来往交涉，他们的感情已决裂了。吴现在唯一希望再得到仰贤的爱，而仰贤的态度如此，恐怕将来要闹成悲剧。"日记里还写了仰贤和贞芳唱昆曲，并说，"他们都是跟溥西园新学的"。溥西园是著名昆曲家，此时正在和朱自清恋爱的陈竹隐也是溥西园的学生。浦江清第二天，即 1930 年 12 月 27 日在日记中又写道："晚饭后，访佩弦于南院十八号。佩弦刚和陈竹隐女士从西山回来，还没有吃饭。佩弦替我买了一个故宫博物馆印的日历。和陈女士略谈几句，便回来。陈女士为艺术专门学校中国画科毕业生，四川人，习昆曲，会二十出余。佩弦认识她，乃溥西园先生介绍，第一次（今年秋）溥西园先生在西单大陆春请客，我亦被邀。后来，本校职教员公会娱乐会，她被请来唱昆曲。两次的印象都很好，佩弦和她交情日深。"此后日记，多次写到朱自清。如1930年12月29日，说"晚上，叶石荪请客"，"佩弦醉。"30日，"晚上，赴叶公超君之宴。同座有俞平伯，叶石荪，朱佩弦及邹湘乔。西餐，洋酒。讨论中国旧剧之种种"。31日，"早上，发《文学》副刊第百一一期稿，因明日元旦邮局不办公，所以早发一日。平伯、佩弦借西客厅请客，故回房里看书"。1931年1月6日记："下午回清华。电贞芳，云明日去访，她亦刚进城回来也。晚至佩弦处，适公超、章晓初在，谈至夜分。"8日，浦江清的日记中写到他晚上请客，朱自清也在他请的九人名单中。9日，提到"上午在佩弦处谈"。14日，"晚间和佩弦、瑞珩、士荃、坚白等一同坐清华的校车进城"。18日，"下午到南院，佩弦进城未回"。这几则日记都是一笔带过。19日日记云："往图书馆，替贞芳借关于普罗文学理论的书，图书馆中没有，往国文系研究室，向佩弦借了几本。"从这则日记中，看出朱自清藏书之丰富和读书之广杂。25日日记云："午刻，湘乔宴请熟人，有陈竹隐、廖书筠两女士（皆四川人）。佩弦与陈女士已达到互爱的程度。陈能画，善昆曲，亦不俗，但追求佩弦过于热烈，佩弦亦颇不以为然。佩弦在这里已满五年，照校章得休假一年，资送国外研究。

他要到英国，想回国后再结婚，陈女士恐不能等待了。"

朱自清在北大读书期间，于1916年12月15日在扬州和武钟谦女士结婚。1929年11月26日武钟谦因病去世。夫人去世后，朋友们对朱自清的婚姻生活也极为关心。1930年春天，好友顾颉刚甚至要为朱自清介绍女朋友。朱自清拒绝了顾的好意后，反而心绪难平，作了一首诗，其中有句云："此生应寂寞，随分弄丹铅。"到了1930年下半年，朱自清才由溥西园、叶公超先生牵线搭桥，认识了陈竹隐（见浦江清1930年12月27日日记）。陈竹隐出生于1904年7月14日，名宝珍，以字行。在陈竹隐十六岁那年，父母双双去世。此后，她考入四川第一女子师范，后又考入北平艺术学院，师从齐白石，于1929年毕业后，在北平第二救济院找了份工作，因不满院长克扣孤儿口粮愤而辞职，以当家庭教师教人作画为生，同时在溥西园门下学习昆曲。溥西园就是溥侗，是朱自清在清华的同事，号西园，别署红豆馆主，是清室后代爱新觉罗氏，世袭镇国将军、辅国公。此人是个大才子，自幼钻研棋琴书画，收藏金石碑帖，通晓词章音律，精于治印，更酷爱京昆艺术。朱自清和陈竹隐二人恋爱公开后，得到了许多朋友的祝福，俞平伯致周作人的信中也有提及，并认为"渐近自然"。浦江清日记中

"恐不能等待"，并不是担心之语，而是指相爱的程度。朱自清到英国留学一年，于1932年7月31日回国抵达上海，陈竹隐早已在上海码头等候，随即他们在上海举行了婚礼。

浦江清1931年的日记只记了一个月就中断了。重新写日记，是在一年后的1932年1月9日，两个月后再次中断。直到1936年1月才又开始。这段时间里，只有一则日记里提到朱自清，是在1932年1月16日，日记云："因旧历年底将届，汇家二百元。又代朱佩弦汇扬州二百陆拾伍元。"其时朱自清正在英国留学，在扬州的父母和子女需要他汇生活费用回家，浦江清大约是受朱自清委托吧，每月给家中汇款。

1936年的日记中没有关于朱自清的记录。事实上，这年的日记也只记了一个月就中断了。

在清华园日记下半部分的引言里，浦江清谈及他在清华的好朋友，有"与朱佩弦君最熟"一句，"师友除前述吴、陈、赵、王诸人外，有朱佩弦、叶公超、叶石荪、俞平伯、王了一等在清华"，说到与夫人张企罗的婚姻，"到北方后，佩弦替我决策，开始和企罗通信"，连婚姻大事都请朱自清"决策"，可见二人感情之深厚了。说到清华大学中文系的现状，浦江清更是动情地说："闻一多于三十五年（1946）七月，被刺于昆明，为我清华中国文学系一大损失。复员平北后两年，朱佩弦于三十七年八月十二日以胃溃疡开刀，病殁于北大医院，清华中国文学系再遭受一大打击……清华大学中文系现由我代理主任，教授有陈寅恪（兼任历史系教授）、许骏斋、陈梦家、余绍生（冠英）、李广田，连我共五位半，名额不足，人才寥落，大非昔比。"从这段话中，也能看出朱自清在学术界的地位和对于清华大学的重要性。

可惜浦江清的《清华园日记》看上去跨度多年，其实际记的天数加起来不足一年，如果能够记全，必定有更多的关于朱自清的记录。但仅从现在的日记看，也足见他们友情之深厚了。

2013 年 12 月 2 日写于北京草房

朱自清最后的日子

　　1948 年 6 月 14 日，叶圣陶在《东归日记》里说："佩弦前日曾来信，言胃病发作，拟编成白话二册后，即解去编务。余复信谓且从缓议，此次合作，仍望如在蜀时之始终其事也。"这里的"白话"，是指开明书店拟出版的一套国文教本的白话文部分，该课本由叶圣陶提议，由朱自清和吕叔湘共同选编。据当时商定，这套课本采用新体例，文言文六册，白话文六册，共十二册，选文 660 篇。文言文由吕叔湘编选注释，白话文由朱自清编选注释，最后由叶圣陶统校定夺。而首批课本——按叶圣陶计划起码白话文一册，文言文两册，暑假后供学生使用。叶圣陶知道工作量很大，所以说"亦甚费心血也"。

朱自清负责白话文部分，由于自知身体不行，工作越来越力不从心，所以才给叶圣陶写信，表示完成两册后，即退出。这就是朱自清的行事风格，应承的事，不会中途放弃，实在是身体原因，也要编好两册后再退出。该课本，朱自清是从4月1日开始动手的，在编好第一册目录后，就开始了紧张而繁细的注释工作，他采取的办法是随编、随注、随寄。在上海开明书店的叶圣陶接到朱自清的书稿后，也是一边校阅、改批，一边付排校对。这段时期的工作，从叶圣陶日记中，可约略知道他们合作的进度：

　　　　1948年5月25日星期二仍修订已注各篇。又校阅佩弦稿，续排一部分……

　　　　5月28日星期五竟日校对佩弦所撰之白话第一册，计50面，头昏眼花。

　　　　6月25日星期五下午看佩弦寄来注释稿……

　　　　6月29日星期二叔湘以文言读本之例言寄来，长2600字。余为缮写一通，将寄与佩弦观之，以此书署三人之名，共同负责也。

　　　　7月8日星期四……佩弦寄来续稿，阅之。

到 7 月 10 日，朱自清给叶圣陶写信，谈《开明新编高级国文课本》及《开明文言读本》的相关情况。至此，他的第一册编辑工作正式完工。从 12 日开始，他负责的白话文部分第二册正式开工。

7 月 15 日早上，在闻一多先生殉难两周年之际，他主持召开了闻一多先生遗著委员会会议，并作讲话。这也是关于闻一多全集的最后一次会议，向全体委员报告文集整理与出版的经过，宣布委员会解散。接着召开系务会，向代理系主任浦江清交代事务。这也是他最后一次主持系务会。下午又参加教授会，审核毕业生名单。晚上 9 时，学生自治会在清华同方部举行闻一多先生殉难两周年纪念会。此时朱自清已经极度疲倦，但他仍然做了发言，用低沉的声音向学生们报告闻一多全集编纂的经过，告诉同学们《闻一多全集》即将出版了。会后，由两位学生陪着他离去。在场的许多同学，看到他们敬爱的老师拄着拐杖缓缓离去的疲弱的背影，心里不禁多一份担心，朱先生"衰老"了吗？真的，病魔已经伤害了朱自清的健康。但年轻的学生谁也不会想到"衰老"与"死亡"离得有多近！

7 月 23 日早上，《中建》半月刊在清华工字厅举行"知识分子今天的任务"座谈会。朱自清在吴晗的邀请下，抱病出席。那天天气特别闷热，朱自清从清华北院的家走到工字厅时，走得很慢。吴晗说："他走一会儿，停一会儿，断断续续地对我说，'你们是对的，道路走对了'"（《关于朱自清不领美国"救济粮"》）。朱自清就在走路都费力的情况下，来到了会场，还发了言：

过去士大夫的知识都用在政治上，用来做官。现在则除了做官之外，知识分子还有别的路可走。士大夫是从封建社会来的，与从工业化的都市产生的新知识分子不同。旧知识分子——士大夫，是靠皇帝生存的，新知识分子则不一定靠着皇帝（或军阀）生存，所以新知识分子是比较自由的。

知识分子的道路有两条：一条是帮凶帮闲，向上爬的，封建社会和资本主义社会都有这种人。一条是向下的。知识分子是可上可下的，所以是一个阶层而不是一个阶级。

要许多知识分子每人都丢开既得利益是不容易的事，现在我们过群众生活还过不来。这也不是理性上不愿接受，理性上是知道该接受的，是习惯上变不过来。所以我对学生说，要教育我们得慢慢地来。

座谈会会期一天，还有许多名教授共五十多人参加。朱自清因身体虚弱，只参加了半天就回家了。

7月27日，朱自清又开始坐在桌前写作了，题目是《论白话》，写到三页纸时，搁笔休息，和来访的李继侗聊了会儿。第二天，王瑶来访，这时的朱自清，兴致、精神都还不错，在和王瑶谈话中，"从闻一多师的全集谈到出版界的情形……以后又谈到时局，谈到陶渊明的世系和年岁，《全唐诗人事迹汇编》的编纂体例，他一直都在娓娓地讲述，兴致很好。"(《朱自清先生未完成的一篇序文——〈中古文学史论〉后记》)8月1日在致缪钺的信中，也谈到自己近期的研究工作，当然还有病情和时局了，朱自清说："弟半年来连发胃疾三次，骨如柴立。下年度休假，须小心静养，冀可复原。但时事紧张，日日在神经战中，欲真得静养，亦殊不易耳。稍暇拟草考证与批评一文，介绍美国近年的历史的、批评的方法，说明治学不当以冷静琐屑之考证自限。"当晚，他还出席中文系读书晚会。而接下来的两三天，都做了与书和研究有关的工作，2日进城去了一趟琉璃厂，买了书，第二天又写信给雷梦水，请雷梦水帮忙访书。自己去书肆淘书，又托朋友帮忙，说明是他研究工作的需要，是否是前面提到的那篇考证与批评一文也未可知。但不管怎么说，这几天，朱自清感觉自己的身体是可以做点工作了，访友、访书、写信、写作、接待客人，一切似乎都在向好的方面转变。8 月 5 日这天，他的学生吴晓铃去拜访他，从窗户里看见他坐在一张帆布床上，还向吴招手。吴晓铃来到朱自清家里，看到的是什么样的情形呢？在《佩弦先生纪念》一文中，吴晓铃回忆说：

出城到清华园有一点事儿要接洽——其实这事也不妨公开，就是朱佩弦先生几次要我整个儿或部分地加入他的中国语言文学系里的工作……于是便去商量一下时间和课程的名目。……书房里的陈设依旧，木板钉成的沙发是我们在昆明居住时的发明，沙发前面的矮凳上搁着最近出版的《观察》和《知识与生活》等等期刊，非常整齐。靠墙有几架子书，我只注意到那部破了皮的《国学基本丛书》本的《一百二十回水浒》。

……

"又病了。"他的声音低暗而含混。

"还是老毛病？"

"嗯。"他把一些白色的药粉从右手拿着的盒子里倒左手掌心，吃了下去，又喝了一点儿水。

"您总得好好儿地检查一次。"

"没有检查出什么毛病。你见到浦先生了吗？"
他还在惦念着这件事儿。

"见到了，而且都定规好啦！"

"我总是希望你来帮我们！对不起——"他必
须躺下才舒服些。

"您今年休假，可以出去换换环境。"

"走不动哇！经济也不许可，环境也不许可！"

朱自清说的是实情，他真的走不动了。

还是这天下午，两点半，吴晗陪一位南方来的友人
来到朱自清家，这位朋友替他带来了一件衣服，另一件
似乎是雨靴。说好了不必打扰朱先生，为了让他好好休
息，把东西交给朱太太就可以了。但朱先生听说远道友
人来，还是挣扎着出来见了一面，这一活动又出了一身
虚汗，"只在这半分钟内，我看他，面庞瘦削得只剩下骨
头，脸色苍白，说话声音细弱，穿一件整洁的睡衣。开
始感觉到病态的严重。"（吴晗《悼佩弦先生》）

谁知道这竟是朱自清在家中最后一次接待客人。

这天深夜，也就是 8 月 6 日凌晨 4 时，朱自清胃部

突然剧烈地疼痛，呕吐不止。陈竹隐送他到校医处检查，10时又急送北大附属医院，诊断为胃溃疡穿孔。下午2时开刀手术，手术仅40分钟。术后情况尚好，但需要住院治疗。

朱自清住院的消息，很快在朋友间和清华、北大等校园传遍了，甚至报纸上还登了消息。认识和不认识的人都在为他担忧。北大附属医院的院子里更是汇聚了很多人。医务人员之间也在传讲着他的病情，大家普遍的观点是，手术后的情况良好。听到的人都松了口气，但又马上想到他瘦弱的身体怕是经不起手术的折腾啊！朋友们都想来看他，又怕惊扰他。余冠英和吴晓铃二位早年的学生、如今的同事还想到，是不是请院方多些关照呢？于是他们便想到了大名鼎鼎的胡适之先生。二人便瞒着朱自清及家人，拜访了胡适。胡适本来也要去探望朱自清的，经余冠英一说，知道朱自清此时很虚弱，不便探视，便签了一张名片由余、吴二位带给北大附属医院院长胡传揆大夫，希望院方想尽一切办法救人救命。

手术后的朱自清神志一直很清醒。第二天，李广田去看他。"他本来是睡着的，却突然醒了，醒来后两眼里充满了泪水，我不敢惊扰他，但心里却激动得厉害，我一句话也说不出来。他问到大学里新生阅卷的事，他还关心到他应该负责的研究生试卷。他见我无话可说，就说：'请回去吧，谢谢！'"（李广田《记朱佩弦先生》）王瑶说："他安静地躺在病房里，鼻子里有医生插着的管子，说话很不方便；但仍然在说话，神志很清楚。他听医生说十二指肠可能还有毛病，深恐这次开刀不能断根；又嘱托说研究院的试卷请浦江清先生批阅；对外面的许多事都很关心。"（《十日间——朱佩弦师逝世前后记》）冯友兰去看他，他还不无幽默地说："别人是少不更事，我是老不更事。"

7日、8日、9日三天都没什么大问题，但人人都提着心。10日这天，"他那双眼睛已经陷下去，时而闭上，时而又便挣着张开；颤抖的唇一掀一掀，想说什么，但又很吃力，最后，他断断续续地对我说了这样两句话，'我……已……拒绝……美援，不要……去……买……配售……的……美国……面粉'"（陈竹隐《忆自清》）。这一天，远在上海的叶圣陶接到朱自清儿子的信："忽得佩弦之子来信，言乃父胃痛大作，入北大医院开刀，经过尚好，而未脱离危险期。闻之不胜遥念。佩弦为胃疾折磨已久，时好时坏，今又大发，至于剖腹，不知体力能胜否。"（《东归日记》）老友的担心应验了，朱自清那过度虚弱的身体，终于没能抗住炎症的步步侵袭，这一天，他肾脏发炎，失去排泄机能，出现尿中毒症状。到了11日又胃部少量出血，肺部并发炎症。

8月12日清晨，俞平伯等人到医院看望时，朱自清已经处于昏迷状态。

1948年8月12日上午11时40分，这位清华名教授、新文学运动以来著名的诗人、散文作家、语文教育家，在万分不舍的亲人面前，永远离开他无限眷恋的人世！

8月13日，俞平伯、冯友兰、李广田等清华、北大师生一百多人，聚集在北大附属医院为朱自清送行。午11时出殡。前为灵车，李广田等人护灵。亲友和学生乘四部汽车随在后面。近午时，灵车缓缓地驶进阜成门外广济寺下院，棺木安置在嵌着"五蕴皆空"的匾额的神龛里准备火化。王瑶回忆了那天火化过程："就在这个荒凉的古寺里，将棺木安置在那个嵌着'五蕴皆空'的匾额的砖龛中，用泥和砖封起前面来，龛顶上有一个烟囱；在冯友兰先生主祭下，大家举行了一个简单的仪式以后，开始在下面举火了。前面肃立着一百多人，啜泣的，失声的；烟一缕缕地从龛顶上冒出，逐渐多也逐渐浓了。就这样完结了一个人的最后存在……"

8月16日，清华大学在同方部礼堂举行追悼会。从早晨开始，陈竹隐率子女举行家祭，然后各团体公祭。

朱自清的生前好友梅贻琦、冯友兰、俞平伯、汤用彤、朱光潜、沈从文、余冠英等五六百人参加了公祭。人们脚步缓慢、心情沉重地走过柏枝扎起的灵堂门，走到一幅墨画的朱自清遗像前，一一行礼，四周是无数花圈、挽幛。夫人陈竹隐女士的挽联摆放在最显眼的位置：

> 十七年患难夫妻，何期中道崩颓，撒手人寰成永诀
>
> 八九岁可怜儿女，岂意髫龄失恃，伤心此日恨长流

10点55分追悼仪式开始，清华大家唱合唱团齐唱挽歌，许多人不能自禁，纷纷泪下，有人拿着手帕频频擦拭。追悼会主席冯友兰致悼词：

> 数十年来，朱先生对中国文艺的贡献和学术上的贡献极大。他的病，他的死，都是由于生活上的清苦和不能获得休息……本校中文系，在闻一多先生和朱先生领导下，发现了自己的正确道路，两位先生都不幸相继逝世，但中文系今后仍将循着这条道路为发展中国新文学而努力。朱先生二十多岁就

朱自清最后的日子　　　　　　217

开始写作，写，写，一直写到死，他苦了一辈子，但从不说句穷，我们决定为他汇编一部完整的全集留为纪念……

追悼会上，浦江清介绍了朱自清的生平，梅贻琦校长、清华大学学生代表、北京大学教职员代表罗常培、燕京大学代表陆志韦等人陆续致辞。

梅贻琦连日来为保卫学校、保护学生到处奔走。疲惫、烦恼、担忧，以及失去好友、同事的悲哀使他失去了往日的神采。他致辞的声调极其缓慢："朱先生对人谦和而虚心，但大原则却能坚持到底，所以是一位好老师、好同事和诚挚的友人。二十多年来，为了责任，丢了身体，今年本该是休假，为了把系里的事交代清楚，把就医的时间都拖后了，不幸竟因此而不起……"他哽咽着说不下去了，沉默片刻又说："希望大家以后多多注意身体，不要再因此造成无可补偿的损失，别再给人以无限的悲痛。"梅贻琦强忍的泪水还是涌出眼眶，人群中啜泣声响成一片。

追悼会结束后，人们来到遗物展览室，展览室四壁挂满了挽联。在各种简朴的日常生活用品和众多的著作文稿中，那篇未完成的《论白话》也陈列其中，只写了三页半稿纸……

1948年10月24日，朱自清先生遗骨葬于北京西山万安公墓，家人为之筑成衣冠冢。冯友兰书写了墓碑。一代名师入土为安了，而留下的"背影"却永远为世人所怀念。

燕郊一周（代后记）

1

来燕郊一周了。我在告诉朋友的微信里，说了这样的话：

正式入驻燕郊。想起俞平伯先生的《燕郊集》，这本出版于二十世纪二十年代的散文集，是先生的重要著作，集中的大部分作品写于当时地处京郊的清华大学寓所，故名。不过我的燕郊和彼燕郊并非同一地方。又想起黄裳先生的"来燕榭"，这是先生的书斋名。前人喜欢弄些"斋馆轩堂"的名号来做自己读书问学的场所，我也斗胆学学他们。住在草房时，因小区里有一塘荷花，书斋曾叫"荷边小筑"。现在，我的"燕斋"该叫什么呢？

吴小如的《莎斋笔记》里，有一辑《燕郊谈片》，我知道这里的"燕郊"是指北京西郊，亦即北大、清华一带，他晚年住在这里。书里的这组文章都是些短小的文史杂谈，挺有趣味。我的"燕郊"虽不能和他们的"燕郊"相提并论，但丝毫不影响我的阅读和思考。

我的客居之地在燕郊东外环路东侧，隐藏在一条脏乱差的小巷里，有几次，工作累了的时候，或心情抑郁的时候，我会走出小巷，去东环路散散步，途中会偶遇一条狗或一只猫。那条狗像极了一头狮子，体大，圆脸，毛长，大约是有谱系的名狗，但它太脏了，身体可能也不好，我看到它的几次，它都在沉沉地睡觉，眼皮都不抬一下。那只黄色的狸猫，肚子很大，它一直在一堵墙的阴沟口找垃圾吃，对生人格外警惕，目光也惊悚而慌张。我会想到微信朋友圈里那些关于猫狗的照片，它们太幸运了，摊上了好人家，有干净而温暖的小窝，有美味可口的食物，被主人"乖乖""宝贝"地叫着。这么散漫地走着，想着，就来到了东外环路上。东外环路的路况还不错，只是两边的绿化不成体统，我沿着路边的人行小道散步，小道下的枯草里，会有几棵嫩绿的野菜，格外招眼，树芽也都鼓出来了，红红黄黄的，感觉和这迟来的春天一样，在蓄势待发。向北走不多远，是司法部的一家监狱。监狱的外围墙是铁艺栅栏，透过栅栏，能看到院子里返青的绿柳和高大的杨树，杨树上挂满了一穗一穗的"小猫小狗"，远处似乎还隐约看到高墙和塔楼，那里才应该是劳教犯人的地方吧。我站在栅栏外想了想，想到了监狱里的那些人。

2

初来燕郊的第一周，就遇到了倒春寒，又连着几天冷雨，我躲在鸿儒文轩仓库的一间小楼上，心情颇不平静。一来，从北京刚刚搬迁而来，还没有适应新的环境。这种没有适应，可能和连续阴雨、寒冷的天气有关，也可能和生疏、荒凉的地域有关。二来，我还有工作在身——正在扩充、补写的这本《朱自清在西南联大》的小书，要在近期内完成。

——先来说说这本书的缘起吧。

2018 年是朱自清诞生一百二十周年和逝世七十周

年。有一本名为《完美的人格——朱自清纪念集》的书，原计划写作十四万字左右，没想到在整理过程中，对许多章节添添补补、修订重写，到了2016年7月完稿时，字数超出了原计划的一倍。特别是《西南联大》一章，体量明显比别的章节多出很多。2017年春，中国书籍出版社要重新再版"流年碎影"文丛，并且决定扩大规模。这套文丛所关注的都是二十世纪二三十年代的文化精英，有鲁迅、巴金、俞平伯、张恨水、叶圣陶、沈从文、萧红等。中国书籍出版社的武斌先生知道我有这本书稿，想把全书纳入。在他的提议下，我决定以其中的一章《西南联大》为基础，进行扩充，以达到出书的规模。好在朱自清在西南联大长达九年之久，有许多生动的事迹可以写，所以春节后我一进京，便在草房温暖的"荷边小筑"里开始了紧张的工作。

一晃就到了三月下旬，因为公司仓库搬迁，我已经从"潜京"一族，摇身一变，成了张营村的外来务工人员。按说我是喜欢僻静之地的，冒着冷雨来开选题会的武斌先生也说这个地方适合做事，还预祝我能多写几部书来。怎奈这几天恶劣的天气给我带来了坏情绪，再加上我写作使用的大量关于朱自清的材料都不知被打包在哪一个纸箱里了，很犯愁去寻找，仅凭着记忆和笔记去写作，心里老是不踏实，特别是涉及时间和人物时，手头没有可查的书籍，其郁闷就可想而知了。

好在阴冷、寒湿的天气很快过去，阳光、蓝天难得维持了几日，我的心情也随之好转，文思也顺畅了，总算能安坐下来，改定了这本书稿。

3

说来也巧，在初来燕郊的这一周里，因为要编《吴小如文集》，翻阅了不少吴小如的书，《吴小如讲杜诗》《莎斋笔记》《旧时月色》《红楼梦影》《今昔文存》《读书丛札》《京剧老生流派综说》等，随翻随阅中，有几篇关于朱自清的文章很是吸引我，特别是在解读俞平伯《鹧鸪天》词的开头两句时，"良友花笺不复存，与谁重话劫灰痕"。吴小如认为，"首二句固可指先师的亡友朱佩弦先生，但也不妨理解为新近辞世的俞师母。盖'与谁重话劫灰痕'之语，指佩弦师似不甚切；因朱先生早于1948年病逝，而'劫灰痕'云者，鄙意似应指'十年浩劫'，为更加贴切也"。吴小如虽然不敢肯定"良友"一定是指朱自清，但这和此前多人的解读是不一样的，颇具新意。不久后，研究俞平伯的专家孙玉蓉女士给吴小如去信，证实了吴小如的解读。孙玉蓉在信中说："'良友'确实是指朱自清先生，平老视朱自清为他的'唯一知己'。'劫灰痕'则正像您所说，是指'十年浩劫'。"接着，孙女士提示吴小如说：

　　这里有一个今典，见《俞平伯书信集》第390页，平老在1983年10月26日写给儿子俞润民的信中说："日来读《通鉴十》得一名言，前阅两次未见（当面错过）！又想起朱公昔赠我三首诗的末句'何当执手话沉灰'，此句用'昆明池有劫灰'的典故，有似趁韵。枕上忽然惊觉，这不是1966年旧寓大院中都是纸灰的实况么！可谓奇矣。本非预言，却是最明确的预言，契机所感，无心偶合，出意想之外，不可思议。近来的感想，殆无一人能知之，此类似也。"平老由读《资治通鉴》联想到朱自清赠送的诗句，又联想到1966年被抄家时的情景，而朱自清当年所赠的《怀平伯》三首的花笺也恰恰是在抄家时被焚毁的。平老思之念之无限感慨，于是便写出了这首词的首二句。

　　解读俞平伯《鹧鸪天》的文章有两篇，一篇是《俞平伯〈鹧鸪天〉臆说》，一篇是《俞平伯〈鹧鸪天〉补说》。我们都知道俞、朱二人情感深厚，这一点，从《鹧鸪天》开首两句来看，感受更深啊。

早在1947年，朱自清的代表作《经典常谈》刚出版时，吴小如就写了一篇书评《读朱自清先生〈经典常谈〉》，对朱自清的文风做了切实而准确的评价，"先生一向在发扬、介绍、修正、推进我国传统文化上做功夫，虽说一点一滴、一瓶一钵，却朴实无夸，极其切实。再加上一副冲淡夷旷的笔墨，往往能把顶笨重的事实或最繁复的理论，处理得异常轻盈生动，使人读了先生的文章，不惟忘倦，且可不费力地心领神会"。吴小如的这篇书评，在当年的报纸上发表后，还得到了俞平伯的夸奖，说写得平易踏实，能觉出佩弦的用心。

更让人感触的是，朱自清逝世的次日，即1948年8月13日，吴小如就开始动笔写一篇怀念朱自清的万字长稿《读朱自清先生〈诗言志辨〉》。吴小如在1984年7月写的《笔者按》里说，这篇长稿"前后共写了五十天"，而且是带着"悲愤抑塞的心情来写这篇读书札记的"。

在朱自清逝世三十一年后的1979年8月，吴小如又写了一篇《朱佩弦先生二三事》，表达对老师的怀念。吴小如在这篇文章中，透露了几件有趣的往事。1946年深秋的一个下午，吴小如考取了刚刚复员的清华大学中文系三年级插班生，请俞平伯写一张纸条去拜见朱自清，因为不认识，同坐一辆校车到了清华园，吴小如上前跟朱自清打听朱自清，这才惊喜地见到他心仪已久的老师。吴小如在清华时，听过朱自清的课，对朱自清严格课堂纪律亲历亲闻，也亲眼看到朱自清的稿件和信札，是每个字都工整清楚，一笔不苟，很少有涂改增删。一篇文章交付印厂排版，不仅字迹毫不含糊，而且无论是文章行款还是标点空格，都算得精准无误，这给编辑人员和印刷工人带来极大方便。在清华和西南联大，朱自清是出了名的严格，甚至有些刻板，《朱自清在西南联大》一书里也有记述，还因此引起一些同学的非议。但在吴小如看来，这是一个负责任老师的应有的态度，值得尊重。

4

今天，能坐在燕郊这间冷清的房间里，写一周来的心情感受，想来也是一件非常惬意的事。无论是凄厉的春寒冷雨，还是阳光下的柳绿花红，都是我们必须要经历的。因为写作《朱自清在西南联大》，我很多时候都想着朱自清和他的文章，也在读与他相关的书籍和文章。

近几天，我每天都会取快递，从全国各地邮寄来的朱自清的书有十来种，《语文零拾》《语文影及其他》《新诗杂话》《经典常谈》《论雅俗共赏》《标准与尺度》《诗言志辨》等朱自清生前的自编文集，陆续来到我的案头。这些书，有的很陈旧了，有的是新印本。看着这些不知惠及过多少人的专著，我再一次心绪难平，对朱自清所处的时代和境遇，对于他所经历的磨难和艰辛，更怀深深的同情和惋惜了。

2017 年 3 月 28 日上午于燕郊张营村

参考书目

[1] 朱乔森编.朱自清全集.南京：江苏教育出版社，1993

[2] 姜建，吴为公著.朱自清年谱.北京：光明日报出版社，2011

[3] 关坤英著.朱自清评传.北京：北京燕山出版社，1995

[4] 曹聚仁著.听涛室人物谭.北京：生活·读书·新知三联书店，2007

[5] 曹聚仁著.天一阁人物谭.北京：生活·读书·新知三联书店，2007

[6] 季羡林著.清华园日记.北京：外语教学与研究出版社，2009

[7] 柳无忌著.柳无忌散文选——古稀话旧.北京：中国友谊出版公司，1984

[8] 俞平伯，吴晗等著.张守常编.最完整的人格——朱自清先生哀念集.北京：北京出版社，1988

[9] 浦江清著.清华园日记·西行日记.北京：生活·读书·新知三联书店，1987

[10] 王保生著.沈从文评传.重庆：重庆出版社，1995

[11] 吴世勇编.沈从文年谱.天津：天津人民出版社，2006

[12] 朱自清著.朱自清精品选.北京：中国书籍出版社，2014

[13] 林纳，徐柏容，郑法清主编.朱自清散文选集.天津：百花文艺出版社，1986

[14] 朱金顺编.朱自清研究资料.北京：北京师范大学出版社，1981

[15] 商金林编.叶圣陶年谱.南京：江苏教育出版社，1986

[16] 陈武著.俞平伯的诗书人生.北京：中国书籍出版社，2015

[17] 常丽洁校注.朱自清旧体诗词校注.北京：人

民出版社，2014

[18] 汪曾祺著.汪曾祺文集.南宁：广西人民出版社，2006

[19] 徐强著.汪曾祺年谱长编.稿本

[20] 陈福康编著.郑振铎年谱.太原：山西出版社集团·三晋出版社，2008

[21] 黄裳著.珠环记幸.北京：生活·读书·新知三联书店，2006